左侧交易

1 解读股市时空密码

陈占宇 ◎ 著

图书在版编目（ＣＩＰ）数据

左侧交易 . 1 / 陈占宇著 . -- 太原：山西人民
出版社 , 2021.1

ISBN 978-7-203-11625-7

Ⅰ . ①左… Ⅱ . ①陈… Ⅲ . ①股票交易 - 基本知识
Ⅳ . ① F830.91

中国版本图书馆 CIP 数据核字 (2020) 第 206867 号

左侧交易 . 1

著　　者：陈占宇
责任编辑：王晓斌
复　　审：贺 权
终　　审：姚 军
装帧设计：王奥鑫

出 版 者：山西出版传媒集团·山西人民出版社
地　　址：太原市建设南路 21 号
邮　　编：030012
发行营销：0351—4922220 4955996 4956039 4922127（传真）
天猫官网：https://sxrmcbs.tmall.com 电话：0351—4922159
E—mail：sxskcb@163.com 发行部
　　　　　sxskcb@126.com 总编室
网　　址：www.sxskcb.com

经 销 者： 山西出版传媒集团·山西人民出版社承
印　　厂：大厂回族自治县德诚印务有限公司

开　　本：710mm×1000mm 1/16
印　　张：26
字　　数：210 千字
印　　数：1—5000 套
版　　次：2021 年 1 月第 1 版
印　　次：2021 年 1 月第 1 次印刷
书　　号：ISBN 978-7-203-11625-7
定　　价：396.00 元（全 2 册）

如有印装质量问题请与本社联系调换

推荐序 一

炒股确实是一门复杂的学问，其中涉猎到多个知识面，大到宏观经济、微观经济、国际货币市场基金；小到股市交易法则、主力资金动向、持股公司基本面分析等；市场上的大多数股民都是经常买在最高点，卖在最低点，所以总是亏钱、亏钱！很多股民炒股是纯靠运气，直到我无意间认识了预测赢家的陈占宇老师并跟他深入交流了"左侧交易"理念之后，我才发现这本书的确让人"惊为天人"！

本书是陈占宇老师在股市中纵横捭阖了多年的经验总结，拜读后可以彻底改变散户股民的炒股思维，其中有很多独特的见解，大家细心品味后会犹如洗髓经般从新审视自己以前的交易理念。

本书我总结了以下 3 点供大家参考：

1、陈占宇老师提倡的左侧交易理念，是在市场下跌时找买点，在市场上涨时找卖点，从而彻底摆脱传统的追涨杀跌的交易模式，这也是我极为推崇的交易理念；

2、为了让大家更好地理解内容，书中不仅有理论方法的讲解，还结合着当时的情况列举了许多实战案例。每一个案例都用彩图标注、讲解，形象直观，真正做到了简单易懂、边学边用，有效地帮助股民树立正确的交易理念，同时提升实战能力；

3、内容环环相扣、相辅相成，要仔细学习每一个章节，才能为下一个章节乃至整套理论打好基础，比如想要学区间理论和结构理论，就得先学会画线理论，再比如想要学结构理论，就得先了解结构的分解定律，有了分解才能量化结构，有了结构的量化，买卖交易才有标准，等等。当您将所有的内容都融会贯通后，您才能真正地掌握左侧交易，从而成为一名成功的交易者！

　　本书是陈占宇老师潜心多年的研究心血，希望对广大的中小散户股民朋友们有所帮助，大家都能在股市中有所收获！借此也感谢陈占宇老师的邀请，很荣幸地为本书撰写序言。

2020 年 11 月 2 日　于羊城作序

广东小禹投资管理有限公司董事长

《民间股神》作者

推荐序 二

路线问题上，有左倾右倾之分；政治上，也有左派右派之别；其实投资上，也有左右之争。

左是指左侧交易，右是指右侧交易。

通俗意义上讲，左侧交易指在股价见底前或见底中完成建仓和交易，常见的有低吸和潜伏；右侧交易指趋势上涨的过程中去建仓和交易，常见的有追高买入，其中比较典型的是突破买入和趋势跟踪交易。

到底是左侧好还是右侧好，这个问题一直争议不断，也讨论不绝。在实践中，我们经常见到左侧高手，比如冯柳；同时也有很多右侧高手，比如赵老哥。

可惜的是，关于左侧和右侧的讨论，缺乏深入和系统化的论著。不过，可喜的是，终于有人来做这个工作了。预测赢家创始人陈总恰好对此有深度的思考和总结，他所著《左侧交易》系列著作，是我见过首次对这个问题进行深入回答的著作。

当然，陈总倡导左侧交易，他把自己对左侧交易的思考系统地写成了一套著作。我看完初稿，也感触良多。虽然我本人倡导龙头战法，但是龙头并非只有右侧一种思路，对于价值龙头，也有很多左侧交易的策略。而且，即使是右侧交易，其中也有右侧中的左侧。

左侧交易对市场的预判、对市场未来的感知要求很高，我很佩服那些把左侧做得好的人，他们往智商都很高，所以有左侧是天才之说。

希望本书能够带领大家进入左侧交易的世界，让每个人都成为自己世界的天才。

谢谢！

2020 年 11 月 2 日 于广州

香象渡河公司董事长、《龙头信仰》作者

前言

此书献给那些还在黑暗中前行摸索的投资者，因为我和你们有一样的经历，所以我相信此书会开启你们炒股生涯的新篇章。十几年前，我和大多数投资者一样，怀着一个能一夜暴富的梦想，进入到股市中，成为整天被割的韭菜，但是运气好，后期赶上了2006年和2007年的大牛市，没亏多久就开始赚钱了，而且钱越赚越多。

当然和一般小散比，能在牛市中赚钱，得益于我系统性地学习了股市技术分析的所有经典理论，一开始也是亏钱的，后来通过大量的学习股市经典理论，开始在股市赚钱了，不过后来才知道，那是市场给的机会，不是自己学习明白了。在那个时候除了炒股以外，自己还在一些机构任职，做投资教育方面的老师，教股民怎么炒股，那时候由于无知什么都敢讲，什么都敢教，现在看来真是无知者无畏呀！

当时我讲学的内容主要是技术分析经典理论，包括道氏理论、江恩理论、趋势理论、波浪理论、缺口理论、量能理论、形态学、蜡烛图和各种指标策略。这些理论我基本上都是倒背如流，在当时圈里也是出了名的专业人士。直到2008年股灾，由于股市下跌了一年，我的股票市值也一度从7位数变成6位数。我开始迷茫、开始失望、开始怀疑自己的人生，主要我不是因为对股市无知而亏损的，我对技术分析倒背如流。我不知道问题出在哪里了，也再不敢给别人分享经验和去机构教学了。

一、正确的投资理念决定成败

2008 年底由于市场萧条，亏了很多钱，自己也没有以前那种自信的心态了，开始颓废了，整天无所事事，什么也不愿意干，此时又回到中学时代开始去看金庸先生的武侠小说了，希望看看那些绝世高手是怎么从绝望中找到希望，再次成为武林高手的，小说家里没有了，于是开始看电视剧，金庸的射雕三部曲那是必看的，看着看着，好像突然明白自己是怎么亏钱的了。

金庸先生的射雕三部曲中讲到，要想成为武林高手，在练习武功之前一定要先修炼心法，心法修炼对了，才能练招式，才有可能成为武林高手。像金庸先生笔下的西毒欧阳锋、峨眉掌门周芷若，都是心法理念不对，最后练成了鬼物，永远不可能成为武林至尊。所以炒股也一样，一定先是有正确的投资理念，然后才是具体的方法，理念错了方法再好也没用，还是怎么做怎么亏钱。但是到底什么样的心法，也就是投资理念是正确的呢？我一时半会想不明白，我又陷入了苦苦的寻找中，希望找到正确的投资理念，2009 年虽然市场回暖，但是我还是没有心情交易，一直在琢磨到底什么样的理念是正确的投资理念呢？直到 2009 年的某一天奇迹发生了。

二、左侧交易理念的产生

2009 年的某一天，一个左侧交易的理念从我大脑一闪而过，我知道我的股市命运即将改变。我们大家知道的股神巴菲特就是用的左侧交易理念，他无论在什么地方什么场合，经常表达他的投资理念，最著名的一句话就是"别人在贪婪的时候，我恐惧；

别人在恐惧的时候，我贪婪"。这是巴菲特的经典名言，其实这句话非常形象地表达了他的左侧交易投资理念，也就是当市场在下跌的时候，大多数投资者恐惧害怕割肉离场的时候，我此时进场抄底；当市场在上涨的时候，大多数投资者贪婪不断加仓的时候，我此时卖掉手中股票。这就是非常通俗易懂的左侧交易理念描述。

很多人会问，这句股市至理名言，几乎谁都知道，但是能在股市中挣钱吗？答案是不能。没有一个人因为听了这句话挣钱了，对于我也一样，想不出来怎么通过这个理念炒股挣钱，苦想了半年，终于有一天悟出了可执行操作的方法，这个方法源于我想起我大学时代学习的文艺复兴时期的量化基金之父——西蒙斯的模型量化理论。通过西蒙斯的模型理论通过大数据建立模型就可以把巴菲特的理念量化了，就可以在股市下跌的时候找到相对的低点买入，在股市上涨的时候找到相对的高点卖出。这些具体的内容会在本书《左侧交易1》中第一章第一节中有详细的介绍。

三、左侧交易核心理论

在左侧交易核心理论中有五大理论，分别是分形理论、区间理论、结构理论、递归理论和背离理论，这五大理论是我这十年中逐级实战交易总结出来的。分形理论是左侧交易的基础，也是做大数据量化左侧预测模型的基础，区间理论是后面结构理论、递归理论和背离理论的基础。

《左侧交易1》主要是讲解分形理论和区间理论，以及用这两大理论延伸出的空间量化预测计算模型。《左侧交易2》主要是讲解结构理论和递归理论，这两大理论是左侧交易最核心的精髓理论，希望读者要认真研究《左侧交易 2》，当然不看《左侧交易 1》，你还是很难看懂《左侧交易 2》，《左侧交易 3》是股市找精准买点的核心理论——背离理论。希望读者认真学习左侧交易核心理论和精髓，能早日走出股市困境，成为股市的 1%。

当然很多读者就会问有没有选股理论体系呀？我的回答是有的，这是我研究的第二大体系，也就是龙头战法、龙头信仰，在《左侧交易》出版以后，我会再系统性的写选股体系——龙头信仰！有很多读者会问两大体系有什么区别吗？左侧交易是用来精准买卖的，偏向于买卖点交易的，而龙头信仰是用来指导选股的一套体系，好了，这里就不多介绍了，后面在书里的各个章节会有明确的介绍。

四、左侧交易理论的产品化

这套理论对于初学者一定会非常的吃力，因为它是市场上从来没有过的理论，是中国人唯一一套自己总结的理论，所以为了让读者容易学习，我们把这套理论开发成了股票软件，大家学习之余，也可以下载整套软件实战练习，直接下载预测赢家 APP 就可以使用，当然有些工具我们用了大量的研发人员，花了大量的资金投入研发出来了，需要收费，但是凡是读者下载都可以免费体验试用。当然大家也可以关注我的微信公众号（预测赢家）和我一起学习沟通交流。

软件 APP 二维码　　　　　　公众号二维码

以我十年的股市学习炒股生涯经验分享给大家，第一个阶段就是看不懂，此时我们一定要耐心去请教学习研究，然后会进入第二个阶段；第二个阶段就是看懂了，但是越学习感觉知识量越大，就是把书读厚了，然后会进入第三个阶段；第三个阶段就是把学习的内容在实践中融会贯通，不断地遇见问题、遇见困惑，同时要不断地解决问题、解决困惑，最后有一天突然发现自己学习的理论就可以用一句话表达出了，此时就进入第四个阶段了，恭喜你，左侧交易方法已经融入到你的血液里了。

五、最后感谢

首先，我感谢这个时代，我生在这样一个充满机会，可以按照自己的喜好工作研究的时代；其次，我感谢我的祖国，祖国给我们每一个中国人制造了如此伟大的机会，让我们只要努力就能过上好日子，实现大梦想；再次，我感谢我的父母对我的养育之恩和悉心教导培养之恩，同时也感谢我的妻子这么多年在背后的默默付出和支持，让我没有后顾之忧地努力工作，全身心地投入到自己喜欢的事业中；然后，我要感谢我的创业合作伙伴对我的大力支持和包容，没有你们就没有这套理论体系的诞生和形成系统的工具实践；最后，也是最重要的，要感谢我的运营编辑团队，对我写的左侧交易理论书稿一遍一遍的校对和改正，让我们一起怀着一颗感恩之心去拥抱美好的未来吧！

2020 年 11 月 4 日 于北京

目录

第一章 左侧交易概论

Chapter 1 structure theory

Contents

第二章 分形理论

Chapter 2 structure theory

67

Contents

Contents

4

Contents

目 录

6

左侧交易概论

第一章

世界是物质的，物质是运动的，运动是有规律的。宇宙五大规律是人类发现的，而不是发明的；科学也是重在发现规律并应用规律，而不是发明规律。第一宇宙规律是勾股定理；第二宇宙规律是牛顿的万有引力；第三宇宙规律是爱因斯坦的相对论；第四宇宙规律是热力学定律；第五宇宙规律是混沌与分形理论。这五大宇宙规律应用在各个领域让人类极大受益。接下来给大家讲的股市宇论是宇宙五大定律在股市的应用，也叫左侧交易。

其中最基础最重要的是股市的涨跌规律，也就是股市的波峰和波谷之间的量能转换。这也是我们左侧交易空间预测理论形成的基础。著名的物理学家爱因斯坦在 20 世纪初给出了质能方程：$E=mc^2/2$（其中 c 为光速，m 为质量，E 为能量）。在股市中，波峰（波谷）出现的价格和时间是每一位投资者所关心的，它们是股票市场中的两个不同的表现方式，它们之间在形式上存在着类似质量和能量的关系，有着统一的表达形式，这是左侧交易理论的基石。

第一节 股市的左侧交易理念

作为一个散户投资者,我们都曾有过牛市战绩辉煌、熊市血本无归的经历。我本人作为散户投资者大军中的一员,投资命运也同样如此。2006年、2007年我经历了在股市疯狂赚钱的两年,在2008年由于股市下跌了一年,我的股票市值也一度从7位数变成6位数。

我开始迷茫、开始失望、开始怀疑自己的人生,主要是因为我不是对股市无知而亏损的。我对技术分析倒背如流,什么道氏理论、江恩理论、趋势理论、波浪理论、缺口理论、量能理论、形态学、蜡烛图、各种指标,我都能一一讲出,同时我也是股票培训师,经常在各大券商和股民学校教学,是圈内有名的专业人士。

直到后来我接触了左侧交易理念,才真正的知道自己的问题出在了哪里,明白了为什么如此专业的自己不能在股市中做到持续稳定的盈利。

2007年、2008年券商营业部还是有散户大厅的,我们很多股民投资者都会选择去散户大厅看盘,在天津金钢桥下面有个渤海证券营业部,那里有一个很大的散户交易大厅。

2008年底渤海证券营业厅几乎所有的股民都在亏钱,但是唯一一个技术分析什么都不懂的老太太却在赚钱。我很惊讶也很好奇,于是我们就找机会和这个老太太单独聊了聊她的炒股方法。让我很惊讶的是老太太的炒股方法是最简单、最有道理、所有人都懂的方法。因为老太太的工作是渤海证券金钢桥营业部门前看管自行车的管理员，她的买卖股票的依据就是看自行车量的多少，在 2007 年 9 月份股市极度疯狂，渤海证券营业厅部门前自行车已经停不下了，都停在马路对面了，后来马路对面也没地停了，此时老太太清掉了所有的股票。

经过一年市场的下跌，在 2008 年 11 月份，市场极度萧条，已经很少有人去营业部看盘了，都被深深的套牢了，此时渤海证券营业部门前的自行车几乎没有了，此时老太太选择入场了。多么简单的操作方法，所有人都懂的道理，反而都做不到，这个故事很多人应该也听过。

思考

老太太为什么要这样交易？她的交易理念是什么？

此时我想起了我们股神巴菲特的炒股理念，很多国内的投资者会选择花几十万、几百万美金去和巴菲特共进晚餐，都希望巴菲特把自己炒股的思路和方法告诉他，但是每次在别人问起巴菲特的炒股方法时，巴菲特永远就只有一个回答，"别人在贪婪的时候，我恐惧；别人在恐惧的时候，我贪婪"。

这其实和中国老太太的方法是一样的。但对于我这个专业的股民来说，很难做到一两年只做一次交易，我相信大多数投资者都很难做到，有的人一天也不止交易一次，所以即使我们知道这些理念，但是仍然赚不到钱。

我开始反思自己的交易理念，思考巴菲特和老太太的交易理念。在 2009 年的某一天，突然一个左侧交易和右侧交易的理念从我的大脑一闪而过。我终于明白了，我之前不管学习什么技术、什么方法，什么道氏理论、江恩理论、趋势理论、波浪理论、缺口理论、量能理论、形态学、蜡烛图、各种指标，其实都是右侧交易，理念错了，怎么做怎么不赚钱。而天津老太太也好、巴菲特也好，不管他们方法怎么样，但是理念是左侧交易。理念对了，方法一般也能赚钱。

巴菲特的左侧交易理念

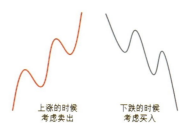

别人在贪婪的时候，我恐惧。
别人在恐惧的时候，我贪婪。

上涨的时候
考虑卖出

下跌的时候
考虑买入

图一

别人在贪婪的时候，我恐惧，其实就是市场在上涨的时候我考虑卖出；

别人在恐惧的时候，我贪婪，其实就是市场在下跌的时候我考虑买入；

这就是典型的左侧交易理念。

而我之前所用的抓涨停、追牛股、抓妖股或用各种指标技术金叉买、死叉卖，又或突破买、跌破卖，都是右侧交易，这样很容易买到阶段的高点，卖到阶段的低点，让我们经常高买低卖反复被套，也就是大家经常说的追涨杀跌。

一、左侧交易和右侧交易的区别

图二

　　左侧交易和右侧交易本质的区别就是：一个是在最低点或最高点左边做决定，一个是在最低点或最高点的右边做决定。

　　如图二中最低点 3016.53 点的黑色中轴线，在最低点的左侧就开始计算市场会跌到什么位置，在最低点走出来之前就提前算出来，提前做决定在什么价位买入最合适，这样往往买到最低点，买完就上涨。

右侧交易是在最低点的右侧，市场低点走出来以后，利用指标金叉出现决定是否买入，这样往往买到阶段的高点，买完就下跌，这就是左右侧交易的本质区别。

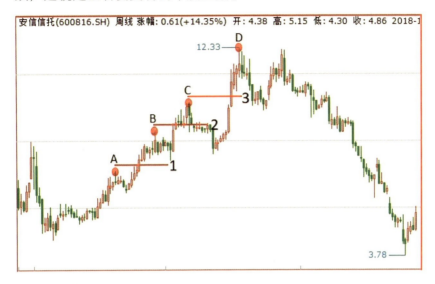

图三

右侧交易往往在上升趋势中赚小钱，在下跌趋势中亏大钱。

如图三中，股价一开始上涨我们不敢买股票，直到 A 点的时候我们发现股价真的涨了，我们大多数投资者往往都会选择买入，结果我们买完以后，股价就开始调整了，这就是很多散户投资者经常抱怨的事情。

为什么我只要一买股价就下跌，好像主力机构能看见我的账户一样，因为右侧交易很容易买到阶段的高点。

当我们在 A 点买入以后股价选择开始下跌，我们亏钱被套了，此时我们大多数人往往都选择等待解套，只要行情好很快就给我们解套机会，此时我们的心态就变成解套的心态而不是去赚钱的心态了，经常在心里默默的告诉自己，这只破股票只要一解套一定卖掉不做了，另换一只好的股票去做。

当股价走到线段1位置的时候，我们解套了，甚至少赚一点钱，我们害怕再一次被套就跑了。我们很多投资者几乎有一个坏习惯，就是卖掉的股票第二天第三天每天都要看看，希望卖掉以后股价一定下跌，以此证明自己卖对了。

但是往往越看越上涨，越上涨越后悔，越后悔越看，实在忍不住了，再一次买了，结果买在了 B 点位置，买完就下跌，再次等待解套。就这样在上涨的时候，我们在 A 点、B 点、C 点都赚点小钱，直到 D 点买入，再也没有解套的机会了，结果是牛市赚小钱熊市亏大钱。

二、右侧交易的金叉买死叉卖和突破买跌破卖

股票市场上 90% 以上的散户投资者都学习过很多技术分析方法，什么道氏理论、江恩理论、趋势理论、波浪理论、缺口理论、量能理论、形态学、蜡烛图、各种指标等，我们至少学习过它们当中的一种或多种，其实最终归纳起来这些理论就两条：一条是指标类的金叉买入，死叉卖出；一条是图形形态类的突破买入，跌破卖出。这就是两种典型的右侧交易方法。

1. 金叉买，死叉卖

我们很多投资者在买卖股票的时候，用右侧交易最多的，也是最容易学习的就是金叉买入死叉卖出。例如最常用的是均线，

如图四，我们大多数投资者都是喜欢金叉买入死叉卖出，虽然这种操作方法学习起来容易，但是使用起来很难让我们在股市挣到钱。

图四

看图中第一次买卖交易，A 点出现金叉买入和 B 点出现死叉卖出基本不挣钱，如果 A 点买入的价格高一点，B 点卖出的价格低一点，基本亏钱。图中第二次买卖交易，C 点出现金叉买入和 D 点出现死叉卖出基本不挣钱，如果 C 点买入的价格高一点，D 点卖出的价格低一点，也基本亏钱。图中第三次买卖交易，E 点出现金叉买入和 F 点出现死叉卖出基本亏钱。经过三次的买卖亏钱经历，第四次我们一定不敢相信这个方法了，但是第四次在 G 点出现金叉买入和 H 点出现死叉卖出，我们挣钱了，于是我们又有希望了。在第五次选择继续按照均线金叉买入死叉卖出，结果在 I 点金叉买入，在 J 点死叉卖出，基本不挣钱，如果 I 点买入的价格高一点，J 点卖出的价格低一点，再一次亏钱。第六次我们再也不敢相信这个交易方法了，反而此时按照金叉买入和死叉卖出还能有少许获利。

我们迷茫了，很多大师说我们散户投资者没有执行力，我们也承认自己没有执行力。如果按照图四中买卖提示操作，前1、2、3和第5次都微亏不挣钱，但是第4次和第6次一定赚钱，几个月操作下来整体是挣钱的，但是我们为什么不严格执行呢？

我在全国多地做股民教育培训的时候就讲过，那是因为这个方法有时候挣钱，有时候亏钱，我们不敢百分之百的相信它，因此也不敢严格执行。如果每次操作都盈利，那一定会百分之百的执行。我们的心态和执行力没有问题，问题出在方法上了，如果用左侧交易，那就基本解决了执行力和心态的问题。左侧交易会在后面的文章中细讲。

2. 突破买，跌破卖

突破买入

如图五，我们很多投资者如果学习过形态和箱体理论，就习惯在突破的时候买股票，一般都认为箱体上沿是一个压力位，股价经过三次向上冲击箱体上沿都没有突破。根据传统的右侧交易法则说明箱体上沿是一个强有力的压力位，第四次股价终于突破箱体上沿的压力位，此时压力位就转换成支撑位置了，一般右侧交易的技术分析认为突破压力位置以后再回调到压力位置就是买入点，所以大多老股民或学习不错的投资者都会选择在回踩箱体上沿的A点买入，结果在A点买入以后就往往经常发生图六的走势，从A点26买入一路跌到11.95元，亏损达到54%，股市有很多投资者用突破买让自己一度深度套牢，笔者曾经也被突破买入害的很惨，好几只股票都是腰斩下跌。

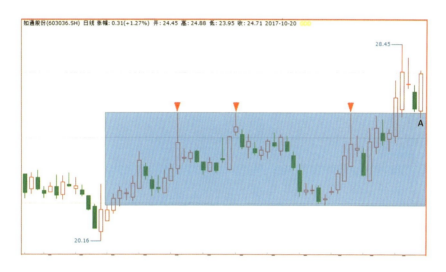

图五

图六

跌破卖出

如图七，和上面的突破买入一样，我们很多投资者如果学习过形态和箱体理论，也习惯在跌破的时候卖出股票，一般都认为箱体下沿是一个支撑位，股价经过三次向下冲击箱体下沿都没有跌破。根据传统的右侧交易法则说明本箱体下沿一个强有力的支撑位，第四次股价终于跌破箱体下沿的支撑位，此时支撑位就转换成压力位置了，一般右侧交易的技术分析认为跌破支撑位置以后股价往往会出现暴跌，此时是最佳的止损卖出位置，所以大多老股民或学习不错的投资者都会选择在跌破箱体下沿的 A 点止损卖出，结果在 A 点卖出以后就经常发生图八的走势，从 A 点 2.67 卖出一路涨到 8.49 元，少赚 218%。股市有很多投资者用跌破卖出让自己后悔得要死，这样的操作在笔者用右侧交易的时候也经常发生，卖了就大涨。

图七

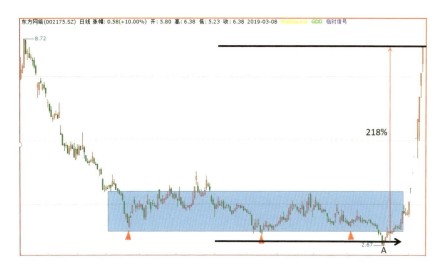

图八

小结

　　为什么很多小散投资者在市场上很难赚到钱？因为我们大多数投资者采用的是右侧交易。这种交易方式很容易让我们在市场上追涨杀跌，反复被套。解决这一问题的法宝就是左侧交易。左侧交易就是按照天津老太太或者巴菲特的交易理念，在市场下跌的时候找买点，在市场上涨的时候找卖点。

13

第一章　左侧交易概论

第二节 左侧交易模型起源

一、 左侧交易理念的出现

自从2009年某一天一个左侧交易的理念从我大脑一闪而过，我知道我的股市命运即将改变。我们在上文中提到，小人物天津老太太或者大人物巴菲特，他们之所以能在股市取得成功，是因为他们的炒股理念是正确的。如果理念对了方法不错收益一定会很好，就像巴菲特；如果理念对了方法一般收益也不会太差，就像天津老太太；当然如果理念错了方法再对收益也不会太好，就像本人；更糟糕的是理念错了方法也错了收益一定会很差，就像大多数散户投资者。

2018年著名的武侠小说作者金庸先生去世了，他的所有武侠的著作中，要想成为武林高手，在练习武功之前一定要先修炼心法，心法修炼对了，才能练招式，才有可能成为武林高手。像金庸先生笔下的西毒欧阳锋、峨眉掌门周芷若，都是心法理念不对，最后练成了鬼物，永远不可能

思考

为什么理念比方法和招式都重要？

成为武林至尊。所以炒股也一样，一定先是有正确的投资理念，然后才是具体的操作方法，理念错了方法再好怎么做怎么亏钱。

巴菲特的左侧交易理念

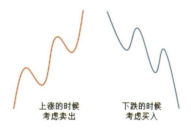

别人在贪婪的时候，我恐惧。
别人在恐惧的时候，我贪婪。

上涨的时候　　　　下跌的时候
考虑卖出　　　　　考虑买入

图九

　　图九中，巴菲特的理念就是左侧交易，"别人在贪婪的时候，我恐惧；别人在恐惧的时候，我贪婪"，他的这句股市至理名言，几乎谁都知道，但是能在股市中挣钱吗？答案是不能。没有一个人因为听了这句话挣钱了，对于我也一样，想不出来怎么通过这个理念炒股挣钱，苦想了半年，终于有一天悟出了可执行操作的方法，也就是图九中，"上涨的时候考虑卖出，也就是计算卖出价格；下跌的时候考虑买入，也就是计算买入价格"。

　　问题又来了，下跌的时候怎么计算什么位置止跌，上涨的时候怎么计算什么位置滞涨？用什么样的方法计算最好？怎么去计算？计算出来准确度怎么样？一系列的问题又开始困扰着我，数月后的某一天，突然在我大学的笔记中看到了文艺复兴科技公司西蒙斯这个名字，这是我大学期间很崇拜的模型投资大师，我好像一下子找到了解开我一系列困惑的财富钥匙。于是我花了一个月的时间研究了西蒙斯先生旗下所有的基金产品和各种股票期货的投资量化模型，终于建立出来适合我们中国股市和期货的左侧交易数学模型。在讲左侧量化交易股市投资模型的时候，我们先一起了解一下西蒙斯，西蒙斯这个人的基金产品收益远远超过了巴菲特，但是他为人比较低调，国内只有很少人知道他，接下来我们先了解一下股市模型投资大师西蒙斯先生，图十是模型投资大师西蒙斯先生。

图十

1. 西蒙斯早期人生

西蒙斯是美国马萨诸塞州一个鞋厂老板的儿子，他在1958

年毕业于麻省理工学院数学系，在 1961 年获得加州大学伯克利分校的数学博士学位。西蒙斯在 23 岁的时候就获得博士学位，绝对是神童之一。1964 年至 1968 年期间，西蒙斯是美国国防研究院的研究人员之一，他同时也在麻省理工学院和哈佛大学教授数学。1968 年，他就被 Stony Brook University 授予数学学院院长的职位，仅仅 30 岁。

1976 年，西蒙斯赢得了美国数学协会的伟布伦几何学奖，用来表彰他在多位平面面积最小化研究的成果，这个成果证明了伯恩斯坦猜想中 N 维的第 8 维，同时也成为了佛拉明的高原问题猜想的有力证据。西蒙斯最著名的研究成果是发现并实践了几何学的测量问题，这个研究成果被命名为陈氏 - 西蒙斯定理（这是一个与我国著名数学家陈省身共同研究的成果）。1978 年，西蒙斯离开了学术界创建了一家投资基金，主要投资于股票商品期货和其它金融工具。

2. 西蒙斯投资之路

在过去的 20 年中，西蒙斯的文艺复兴科技公司在全球市场中进行投资。他们开发了许多数学模型用来进行分析和交易，这些基本上是自动化完成。他们用计算机编程建立模型分析股票价格从而很轻松的交易并获利。这些模型是建立在海量的数据基础上的，所以具有可靠性并可进行实际预测，而结果往往与他们预想的一样，这也许就是数学的魅力之一吧。

文艺复兴公司也雇佣了很多专家，这些专家几乎毫无任何金融方面的背景，包括数学家、物理学家、统计学家。公司现在运营的基金叫做文艺复兴制度资本基金，Renaissance Institutional

Equities Fund (RIEF)。这个基金的历史并没有公司旗下著名的大奖章基金悠久。而大奖章基金仅仅接受公司内部人员的资金进行投资。

2006 年，西蒙斯被国际金融工程师协会评选为年度金融工程师。2007 年，他个人盈利大概 28 亿美元，2006 年，他赚了 17 亿美元，2005 年是 15 亿美元。

3. 西蒙斯交易策略

第一年刚开始亏损 30%。然后西蒙斯做了个决定：将过去模型中有关宏观经济数据的部分完全剔除，只留下技术性数据，同时把注意力都集中在短线交易上并且用左侧交易。这次修正被称为大奖章基金的"遵义会议"，当时制定的投资战略被保留至今，成为大奖章长盛不衰的根本。

纯技术？纯短线？坚持左侧交易？

1990 年净回报率 55.9%，翌年 39.4%，之后两年分别是 34% 和 39.1%；1994 年美国债券市场回报为负 6.7%，大奖章基金却净赚了 71%；2000 年科技股灾，标准普尔美国股票指数跌了 10.1%，大奖章却获得了 98.5% 的高回报；2008 年全球金融危机，大部分对冲基金亏损，大奖章赚了 80%。从 1998 年成立到 2018 年的 30 年间，大奖章基金的年平均回报是 35.6%，而同期标准普尔美国股票指数每年平均仅涨了 9.2%。至今，这枚华尔街的"大奖章"仍然在不停地赚钱。

二、左侧交易模型形成

上文中提到了左侧交易数学模型的起源，其实是来源于巴菲特的理念和西蒙斯的股市基金产品的数学模型，受此启发形成了左侧交易量化模型，也就是我创立的预测赢家产品。

巴菲特 + 西蒙斯 = 左侧交易量化模型 = 预测赢家

预测赢家左侧交易量化模型是怎么形成的呢？在上文中提到，首先由巴菲特的左侧交易理念："别人在贪婪的时候，我恐惧；别人在恐惧的时候，我贪婪"。引出了炒股的两个操作策略，也就是上文图九中，"上涨的时候考虑卖出，也就是计算卖出价格；下跌的时候考虑买入，也就是计算买入价格"，为便于股民投资者好记，我特意改成了："下跌的时候找买点，上涨的时候找卖点"。

下跌的时候找买点，上涨的时候找卖点。

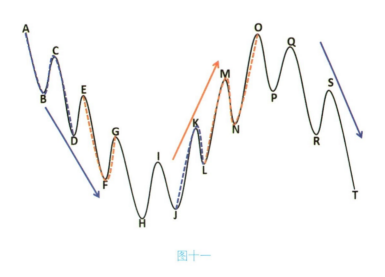

图十一

在图十一的股价移动走势图中，我们发现股价走势只有两种：一种是上升趋势，一种是下降趋势，A 到 H 是下降趋势，H 到 O

是上升趋势，O 到 T 又回到下降趋势，这是股市周而复始的运行规律。我们根据巴菲特的左侧交易理念引出了两个操作策略："下跌的时候找买点，上涨的时候找卖点"。在图十一中，我们可以发现，无论股价怎么走，下跌只有两种下跌走势，一种是在上升趋势过程中形成的下跌，从 J→K→L 的上涨回调；另一种是在下降趋势过程中形成的下跌，从 A→B→C→D 的两波下跌；同样上涨也只有两种上涨走势，一种是在下跌趋势过程中形成的反弹，从 E→F→G 的下跌反弹；另一种是在上升趋势过程中形成的上涨，从 L→M→N→O 的两波上涨。通过以上分析，下跌的时候找买点，上涨的时候找卖点，下跌走势的唯一两种模型和上涨走势的唯一两种模型建立出来了，如图十二所示的买入和卖出模型。

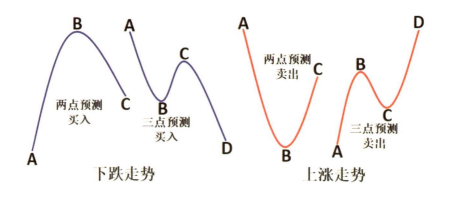

图十二

在图十二中，在下跌的走势中找买点，唯一的两种走势，一种是上涨回调，已知的条件是 A 点位和 B 点位，计算 C 点位，所以又叫两点预测买入；另一种是两波下跌，已知的条件是 A 点位和 B 点位及 C 点位，计算出 D 点位，所以又叫三点预测买入。

在上涨的走势中找卖点，唯一的两种走势，一种是下跌反弹，已知的条件是 A 点位和 B 点位，计算出 C 点位，所以又叫两点预测卖出；另一种是两波上涨，已知的条件是 A 点位和 B 点位和 C 点位，计算 D 点位，所以又叫三点预测卖出。预测赢家的左侧交易量化模型建立出来了，关键是怎么计算点位价格？用什么数学模型去计算？下一节中我们会细讲。

第三节　左侧交易模型原理

小结

　　左侧交易的难点就是怎么样利用西蒙斯的量化思路把巴菲特的左侧交易理念模型化，也就是说，找到适合左侧交易的模型是最难的。当然，利用大数据去实现模型更难，尽管这已经交给电脑进行计算了。其实，预测赢家分析决策软件的价值就在于此。请读者认真思考，先把左侧交易的原理和理念搞明白，后面的内容学习起来就比较容易了。

一、模型计算原理

我们这本书开始就谈到了宇宙五大规律是人类发现的，而不是发明的，科学也是重在发现规律并应用规律，而不是发明规律。第一宇宙规律是勾股定理；第二宇宙规律是牛顿的万有引力；第三宇宙规律是爱因斯坦的相对论；第四宇宙规律是热力学定律；第五宇宙规律是混沌与分形理论。这五大宇宙规律应用在各个领域让人类极大受益。

股市宇论是宇宙五大定律在股市的应用，所以取名宇论，也叫左侧交易，其中最基础最重要的是股市的涨跌规律，也就是股市的波峰和波谷之间的量能转换，也就是第三宇宙定律，爱因斯坦的相对论：质能守恒定律。

思考

为什么股市的波动规律和自然界其它的波动规律是一样的？质能守恒定律中的能量和股市的什么因素相似？

质能守恒定律：E=mc2

　　（其中，c 为光速，m 为质量，E 为能量）

股市中波峰（波谷）出现的空间和时间，在内在联系上存在着类似质量和能量的关系。质量和能量是物质世界中的统一体，波峰（波谷）出现的空间和时间也是互为统一、互相联系的，存在着相同的表现形式。任何一个波峰（波谷）在允许的误差范围内都可以由不多于单个波峰、波谷经过乘法（平方）和除法（开平方）运算得到。

证明：任取两个波峰（波谷）a 和 b，令 $c=\log b/\log a$，

由于 $y=ax$（$a>0, a \neq 1$） $\forall \varepsilon>0, \exists \delta>0$

整数对 p 和 q（p 和 q 互质）

使得当 $|p/q-c|<\delta$ 时 $|b-ap/q|<\varepsilon$

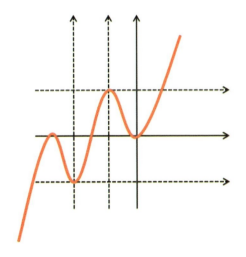

通过上述模型复杂的计算和大数据对历史数据的回测形成了预测赢家的空间预测功能，"两点预测买入、三点预测买入、两点预测卖出、三点预测卖出"。

由于计算起来比较复杂，我们就交给计算机了，当然我接下来为了让大家更好的理解和学习，我讲几种计算模型案例，虽然没有电脑通过大数据计算精准，但是也可以做到粗略的预测。

二、黄金分割率的模型预测

简单说下黄金分割线的几个重要点位！在黄金分割比例中，通常大家会记得以下几个数字：1.191、1.382、1.50、1.618、1.809、2.00、2.618、4.236、6.854，这些都是根据数学上比较有名的斐波那契数列得来的，但是这些并不是主要的黄金分割位。大家只需要记住：0.382，0.618，1.382，1.618 这四个数字，因为股价的强支撑或压力一般是在这几个分割点附近产生的，特别是 0.382 和 0.618。

在熟悉了黄金分割线的重要点位后，接下来就引出今天要讲的"黄金预测"公式。

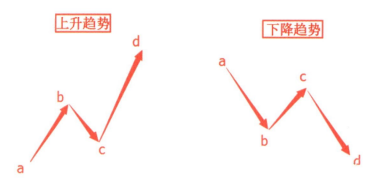

图十三

如图十三所示，当一只股票处于上升趋势时，a-b 为第一浪开始，b-c 为第二浪调整，如果股价走势较为强势，大三浪的位置也就是 c-d 我们就可以利用黄金分割的方法计算出来。

d1=c+0.618*（b-a）

d2=c+1*（b-a）

d3=c+1.618*（b-a）

黄金分割实战案例

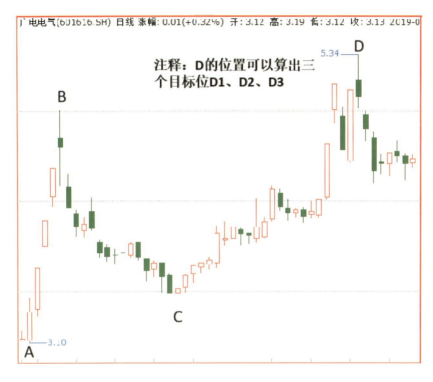

图十四

D1=C+0.618*（B-A）=3.52+0.618*（4.91-3.10）=4.63

D2=C+1*（B-A）=3.52+1*（4.91-3.10）=5.33

D3=C+1.618*（B-A）=3.52+1.618*（4.91-3.10）=6.44

如图十四所示，该股最终涨到了 5.34 元，和我们计算出的
D2：5.33 只相差 1 分，后期市场出现调整。

最后留一个问题给大家思考，其实细心的朋友会发现我给大
家选择的案例是以上升趋势为主，测算股价的高点，对于"黄金
预测"公式来说同样可以利用在下跌趋势中，来算出一波跌势中

股价未来的低点范围在哪里。上升趋势算高点就可以得出卖点位置，下降趋势算低点是不是就可以得出买点位置了呢？需要大家思考的是：当股价处于下跌趋势时，该股下跌位置的计算公式是什么？

思考

黄金分割率的弊端和不足有哪些？为什么预测赢家不用黄金分割率进行计算呢？

通过以上案例，希望大家能发散一下思维，学会在股市交易中思考，在实际股票的交易过程中，用黄金分割预测很难精准的找到买卖点，所以通过计算机回测历史数据的波动率，然后根据波动率来计算未来的股票走势价格。因为电脑可以深度学习，通过大数据精准的计算出结果，而我们人脑是很难实现的，所以我们直接交给电脑计算就好了，接下来重点讲解预测赢家空间预测的应用和案例分析。

三、左侧交易模型（空间预测应用）

左侧交易模型空间预测，主要是通过大数据和质能守恒定律计算股价涨了会涨到什么位置，跌了会跌到什么位置，从而形成了两点预测买入、三点预测买入、两点预测卖出、三点预测卖出。接下来我们用具体股票实例一一解释说明。

1. 两点预测买入

如图十五，我们在图中上方空间预测模型算法功能区看到我在上文中提到的两点预测买入、三点预测买入、两点预测卖出、三点预测卖出的两个买入和两个卖出算法功能，我们只需要电脑上安装预测赢家盘前预测分析决策系统，就可以通过功能区，选上画线功能在系统里画线预测股票未来的走势，当然，大家如果对预测算法感兴趣的也可以联系笔者沟通交流，自己手工计算。

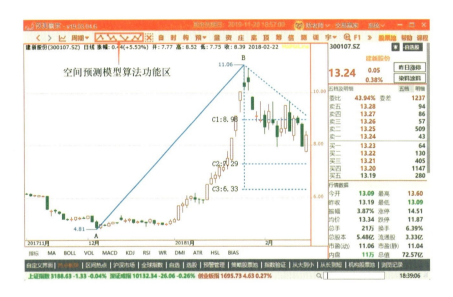

图十五

在图十五中，建新股份 2017 年 11 月 10 日到 2018 年 2 月 22 日的走势图，图中从最低 4.81 上涨到了 11.06 后出现了回调下跌，根据预测赢家的左侧交易理念，下跌找买点，第一种上涨回调买入模型，也就是两点预测买入算法计算。

此时我们在空间预测功能区用鼠标点击两点预测买入功能，在已知的波段低点 4.81 和波段高点 11.06 依次点击一下，电脑会自动的帮助大家预测未来股价的回调价格位置 C1、C2、C3。C1

代表股价弱势回调的目标位置,C2 代表股价正常回调的目标位置,C3 代表股价强势回调的目标位置。

此时通过电脑计算出建新股份弱势回调的目标位置是 C1:8.98,正常回调的目标位置是 C2:7.29,强势回调的目标位置是 C3:6.33。

图十六

如图十六,最终股价在 2018 年 3 月 26 日正常回调到提前预测出来的价格 C2:7.09 附近止跌,走出了一波急速上涨。从 2018 年 3 月 26 日到 2018 年 5 月 21 日两个月不到的时间,股价从 7.09 附近涨到了 18.77,涨幅 161.75%。获利 1.5 倍以上,这就是预测赢家空间预测的精准买入和丰厚收益。

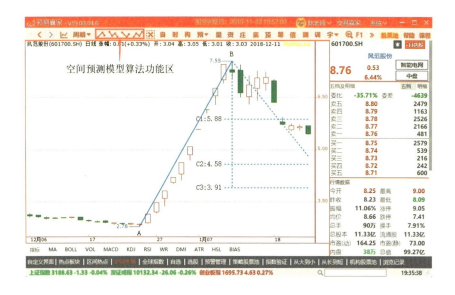

图十七

在图十七中，风范股份 2018 年 12 月 06 日到 2019 年 1 月
24 日的走势图，图中从最低 2.78 上涨到了 7.55 后出现了回调下
跌，根据预测赢家的左侧交易理念，下跌找买点，第一种上涨回
调买入模型，也就是两点预测买入算法计算。

此时我们在空间预测功能区用鼠标点击两点预测买入功能，
在已知的波段低点 2.78 和波段高点 7.55 依次点击一下，电脑会
自动的帮助大家预测未来股价的回调价格位置 C1、C2、C3。C1
代表股价弱势回调的目标位置，C2 代表股价正常回调的目标位置，
C3 代表股价强势回调的目标位置。

此时通过电脑计算出风范股份弱势回调的目标位置是 C1：
5.88，正常回调的目标位置是 C2：4.58，强势回调的目标位置是
C3：3.91。

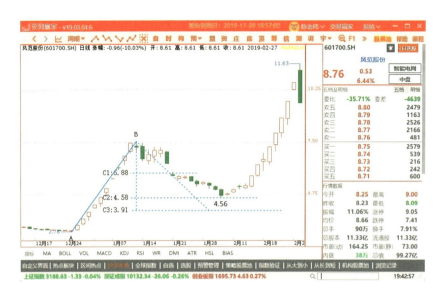

图十八

如图十八，最终股价在 2019 年 1 月 31 日正常回调到提前预测出来的价格 C2：4.58 附近止跌，而且实际走势的最低价 4.56和预测的价格 4.58 只差 2 分钱，随后走出了一波急速上涨。从 2019 年 1 月 31 日到 2019 年 2 月 26 日一个月不到的时间，股价从 4.56 涨到了 11.63，涨幅 141.12%，获利 1.4 倍以上，这就是预测赢家空间预测的精准买入和丰厚收益。

2. 三点预测买入

如图十九，我们在图中上方空间预测模型算法功能区看到我在上文中提到的两点预测买入、三点预测买入、两点预测卖出、三点预测卖出的两个买入和两个卖出算法功能，我们只需要电脑上安装预测赢家盘前预测分析决策系统，就可以通过功能区，选上画线功能去在系统里画线预测股票未来的走势，当然大家对预测算法感兴趣的也可以联系笔者沟通交流，自己手工计算。

图十九

在图十九中，是恒锋信息 2017 年 11 月 8 日到 2018 年 1
月 31 日的走势图，图中从最高 27.61 下跌到了 19.38 又反弹到
22.31 之后走出了第二波下跌，根据预测赢家的左侧交易理念，

下跌找买点，第
二种两波下跌买
入模型，也就是
三点预测买入算
法计算。此时我
们在空间预测功
能区用鼠标点击
三点预测买入功
能，在已知的波

段高点 27.61 和波段低点 19.38 以及反弹的高点 22.31 依次点

第一章　左侧交易概论

击一下，电脑会自动的帮助大家预测未来股价的下跌价格位置
D1、D2、D3。D1 代表股价弱势下跌的目标位置，D2 代表股价
正常下跌的目标位置，D3 代表股价强势下跌的目标位置。此时
通过电脑计算出恒锋信息弱势下跌的目标位置是 D1：17.74，正
常下跌的目标位置是 D2：16.24，强势下跌的目标位置是 D3：
15.07。

图二十

如图二十，最终股价在 2018 年 2 月 27 日强势下跌到提前
预测出来的价格 D3：15.07 附近止跌，而且实际走势的下影线刚
好打到 D3 上，随后走出了一波急速上涨。从 2018 年 2 月 27 日
到 2018 年 4 月 17 日不到两个月的时间，股价从 14.72 涨到了
31.14，涨幅 105.19%。获利 1 倍以上，这就是预测赢家空间预
测的精准买入和丰厚收益。

图二十一

在图二十一中，是诚迈科技 2017 年 9 月 5 日到 2018 年 2 月 1 日的走势图，图中从最高 44.57 下跌到了 27.35 又反弹到 31.65 之后走出了第二波下跌，根据预测赢家的左侧交易理念，下跌找买点，第二种两波下跌买入模型，也就是三点预测买入算法计算。此时我们在空间预测功能区用鼠标点击三点预测买入功能，在已知的波段高点 44.57 和波段低点 27.35 以及反弹的高点 31.65 依次点击一下，电脑会自动的帮助大家预测未来股价的下跌价格位置 D1、D2、D3。D1 代表股价弱势下跌的目标位置，D2 代表股价正常下跌的目标位置，D3 代表股价强势下跌的目标位置。此时通过电脑计算出诚迈科技弱势下跌的目标位置是 D1：24.21，正常下跌的目标位置是 D2：21.42，强势下跌的目标位置是 D3：19.45。

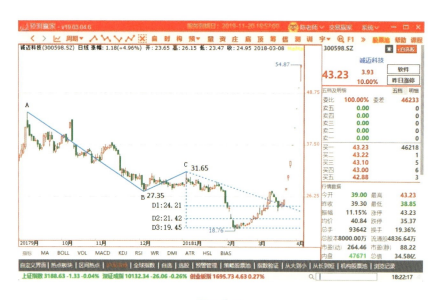

图二十二

如图二十二，最终股价在 2018 年 2 月 7 日强势下跌到提前预测出来的价格 D3：19.45 附近止跌，而且实际走势的下影线刚好打到 D3 上，随后走出了一波急速上涨。从 2018 年 2 月 7 日到 2018 年 4 月 9 日两个月的时间，股价从 18.76 涨到了 54.87，涨幅 183.49%，获利 1.8 倍以上，这就是预测赢家空间预测的精准买入和丰厚收益。

3. 两点预测卖出

如图二十三，我们在图中上方空间预测模型算法功能区看到笔者在上文中提到的两点预测买入、三点预测买入、两点预测卖出、三点预测卖出的两个买入和两个卖出算法功能，我们只需要电脑上安装预测赢家盘前预测分析决策系统，就可以通过功能区，选上画线功能在系统里画线预测股票未来的走势，当然大家对预测算法感兴趣的也可以联系笔者沟通交流，自己手工计算。

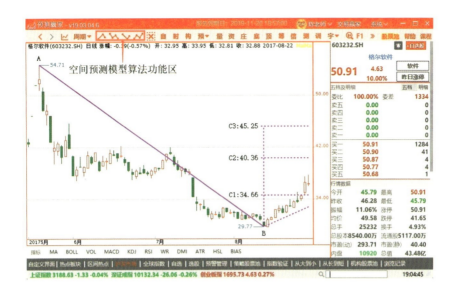

在图二十三中，是格尔软件 2017 年 5 月 12 日到 2017 年 8 月 29 日的走势图，图中从最高 54.71 下跌到了 29.77 后出现了下跌反弹，根据预测赢家的左侧交易理念，上涨找卖点，第一种下跌反弹卖出模型，也就是两点预测卖出算法计算。此时我们在空间预测功能区用鼠标点击两点预测卖出功能，在已知的波段高点 54.71 和波段低点 29.77 依次点击一下，电脑会自动的帮助大家预测未来股价的反弹价格位置 C1、C2、C3。C1 代表股价弱势反弹的目标位置，C2 代表股价正常反弹的目标位置，C3 代表股价强势反弹的目标位置。此时通过电脑计算出格尔软件弱势反弹的目标位置是 C1：34.68，正常反弹的目标位置是 C2：40.37，强势反弹的目标位置是 C3：45.26。

图二十四

　　如图二十四，最终股价在 2017 年 11 月 9 日强势反弹到提前预测出来的价格 C3：45.25 附近滞涨，随后走出了一波急速下跌。从 2017 年 11 月 9 日到 2018 年 2 月 7 日三个月不到的时间，股价从 45.25 附近跌到了 24.20，涨幅 50.07%，减少亏损 50% 以上，这就是预测赢家空间预测的精准卖出和减少巨亏。

思考

为什么不等市场走下一波上涨再卖出，而是在反弹 C3 位置就卖出了呢？为什么此处不会走下一波的上涨了呢？

在图二十五中，是长生生物 2018 年 5 月 8 日到 2018 年 7 月 12 日的走势图。很多股民投资者担心预测赢家的空间预测是不是适合各种股票，尤其是大家都普遍认为 A 股是一个政策消息的市场，当出现利空消息和政策的时候，预测赢家的空间预测是否还有效？是否还能精准的预测出未来的目标位置？答案是肯定的。不管有没有政策和消息的影响，预测赢家一样可以做到精准预测。图二十五中原长生生物（笔者在写书的时候已经退市了）从最高 29.89 下跌到了 20.20 后出现了下跌反弹，根据预测赢家的左侧交易理念，上涨找卖点，第一种下跌反弹卖出模型，也就是两点预测卖出算法计算。此时我们在空间预测功能区用鼠标点击两点预测卖出功能，在已知的波段高点 29.89 和波段低点 20.20 依次点击一下，电脑会自动的帮助大家预测未来股价的反弹价格位置 C1、C2、C3。C1 代表股价弱势反弹的目标位置，C2 代表股价正常反弹的目标位置，C3 代表股价强势反弹的目标位置。此时通过电脑计算出原长生生物弱势反弹的目标位置是 C1：22.30，正常反弹的目标位置是 C2：24.61，强势反弹的目标位置是 C3：26.71。

图二十六

如图二十六，最终股价在 2018 年 7 月 13 日正常反弹到提前预测出来的价格 C2：24.61 附近滞涨，第二天长生生物被报道出来假疫苗事件，经过周六日两天的事件发酵和国家刑侦介入调查，周一长生生物一开盘，股价就走出了连续一字跌停走势，没过多久就变 ST 长生，最后一直急速下跌到 1.43 后退市。从 2018 年 7 月 13 日到 2019 年 2 月 25 日 6 个月多的时间，股价从 24.61 附近跌到了 1.43，跌幅 99%，减少亏损 99% 以上，这就是预测赢家空间预测的精准卖出和减少巨亏，不管是利空消息还是政策，都能提前在预测的目标位置卖掉。

4. 三点预测卖出

如图二十七，我们在图中上方空间预测模型算法功能区看到我在上文中提到的两点预测买入、三点预测买入、两点预测卖出、三点预测卖出的两个买入和两个卖出算法功能，我们只需要电脑上安装预测赢家盘前预测分析决策系统，就可以通过功能区，选上画线功能在系统里画线预测股票未来的走势，当然大家对预测算法感兴趣的也可以联系笔者沟通交流，自己手工计算。

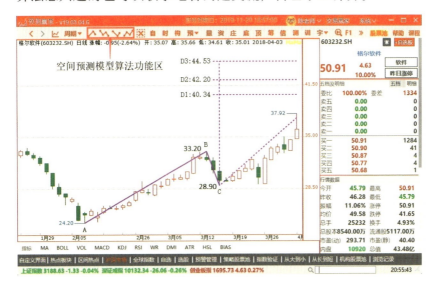

图二十七

在图二十七中，是格尔软件 2018 年 1 月 24 日到 2018 年 4 月 2 日的走势图，图中从最低 24.20 上涨到了 33.20 又下跌到 28.90 之后再走出第二波上涨，根据预测赢家的左侧交易理念，上涨找卖点，第二种两波上涨卖出模型，也就是三点预测卖出算法计算。此时我们在空间预测功能区用鼠标点击三点预测卖出功能，在已知的波段低点 24.20 和波段高点 33.20 以及下跌的低点 28.90 依次点击一下，电脑会自动的帮助大家预测未来股价的上涨价格位置 D1、D2、D3。D1 代表股价弱势上涨的目标位置，D2 代表股价正常上涨的目标位置，D3 代表股价强势上涨的目标位置。此时通过电脑计算出格尔软件弱势上涨的目标位置是 D1：40.34，正常上涨的目标位置是 D2：42.20，强势上涨的目标位置是 D3：44.53。

图二十八

如图二十八，最终股价在 2018 年 4 月 12 日正常上涨到提前预测出来的价格 D2：42.20 附近滞涨，而且实际走势的上影线刚好打到 D2 上，随后走出了一波急速下跌。从 2018 年 4 月 12 日到 2018 年 10 月 12 日六个月的时间，股价从 43.07 跌到了 19.90，跌幅 59.21%，减少亏损 59.21% 以上，这就是预测赢家空间预测的精准卖出和减少巨亏。

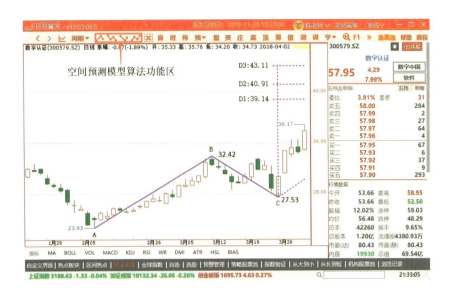

空间预测模型算法功能区

图二十九

在图二十九中，是数字认证 2018 年 1 月 24 日到 2018 年 3 月 30 日的走势图，图中从最低 23.93 上涨到了 32.42 又下跌到 27.53 之后再走出第二波上涨，根据预测赢家的左侧交易理念，

思考

为什么这里用三点卖出模型而不是用两点卖出模型呢？

上涨找卖点，第二种两波上涨卖出模型，也就是三点预测卖出算法计算。此时我们在空间预测功能区用鼠标点击三点预测卖出功能

能，在已知的波段低点 23.93 和波段高点 32.42 以及下跌的低点 27.53 依次点击一下，电脑会自动的帮助大家预测未来股价的上

涨价格位置 D1、D2、D3。D1 代表股价弱势上涨的目标位置，D2 代表股价正常上涨的目标位置，D3 代表股价强势上涨的目标位置。此时通过电脑计算出数字认证弱势上涨的目标位置是 D1：39.14，正常上涨的目标位置是 D2：40.91，强势上涨的目标位置是 D3：43.11。

图三十

如图三十，最终股价在 2018 年 4 月 16 日正常上涨到提前预测出来的价格 D2：40.91 附近滞涨，而且实际走势的当天涨停刚好打到 D2 上，随后走出了一波急速下跌。从 2018 年 4 月 16 日到 2018 年 10 月 19 日六个月的时间，股价从 41.37 跌到了 19.02，跌幅 59.46%，减少亏损 59.46% 以上，这就是预测赢家空间预测的精准卖出和减少巨亏。

5.潞安环能交易实战

成交日期	证券代码	证券名称	操作	成交数量	成交均价	成交金额
20171117	601699	潞安环能	证券买入	80000	8.650	692000.000
20171130	601699	潞安环能	证券卖出	−40000	10.350	414000.000
20171213	601699	潞安环能	证券买入	43900	9.430	413977.000
20180108	601699	潞安环能	证券卖出	−43900	12.470	547433.000
20180116	601699	潞安环能	证券买入	50600	10.800	546480.000
20180205	601699	潞安环能	证券卖出	−50600	14.450	731170.000
20180209	601699	潞安环能	证券买入	63600	14.490	921564.000
20180226	601699	潞安环能	证券卖出	−103600	13.480	1396528.000

图三十一

图三十一是潞安环能这只股票的三个月的交易明细，利用预测赢家空间预测的左侧交易法，进行买卖交易三个月，从2017年11月17日的8.65买入80000股，成交金额692000元，到2018年2月26日的13.48元卖出103600股成交金额1396528元，三个多月的时间，资金翻倍。接下来我们用预测赢家空间预测详细讲解一下买卖交易发生的原因和交易思路。

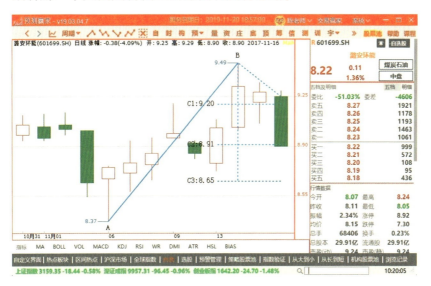

图三十二

在图三十二中，是潞安环能 2017 年 10 月 31 日到 2017 年
11 月 16 日的走势图，图中从最低 8.37 上涨到了 9.49 后出现了
回调下跌，根据预测赢家的左侧交易理念，下跌找买点，第一种
上涨回调买入模型，也就是两点预测买入算法计算。此时我们在
空间预测功能区用鼠标点击两点预测买入功能，在已知的波段低
点 8.37 和波段高点 9.49 依次点击一下，电脑会自动的帮助大家
预测未来股价的回调价格位置 C1、C2、C3。C1 代表股价弱势回
调的目标位置，C2 代表股价正常回调的目标位置，C3 代表股价
强势回调的目标位置。此时通过电脑计算出潞安环能弱势回调的
目标位置是 C1：9.20，正常回调的目标位置是 C2：8.91，强势
回调的目标位置是 C3：8.65。

图三十三

如图三十三，在第二天，2017 年 11 月 17 日股价刚好跌到
了提前预测出来的价格 C3：8.65 附近止跌，当天的下影线刚好

打在目标位 C3 上，此时买入 80000 股，成交均价为 8.65，成交金额为 692000，买入以后股价展开上涨，如图三十三。

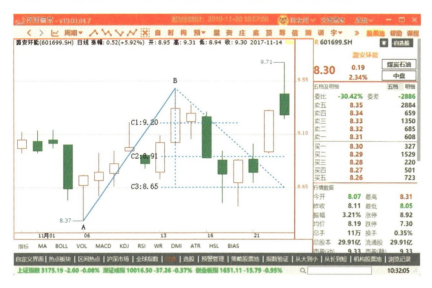

图三十四

当股价走出如图三十四的走势的时候，形成了两波上涨走势，并创出了新高，根据上涨找卖点的操作策略，此时我们要考虑卖出了，如图三十五。

思考

为什么形成两波走势以后必须创出新高才能考虑用三点卖出模型呢？

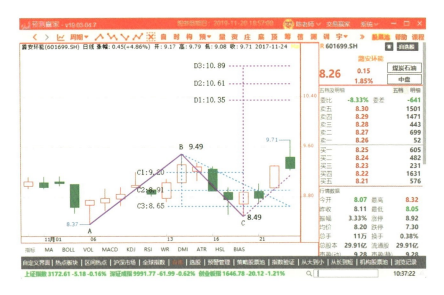

图三十五

　　在图三十五中，是潞安环能 2017 年 10 月 31 日到 2017 年 11 月 23 日的走势图，图中从最低 8.37 上涨到了 9.49 又下跌到 8.65 之后再走出第二波上涨，根据预测赢家的左侧交易理念，上涨找卖点，第二种两波上涨卖出模型，也就是三点预测卖出算法计算。此时我们在空间预测功能区用鼠标点击三点预测卖出功能，在已知的波段低点 8.37 和波段高点 9.49 以及下跌的低点 8.49 依次点击一下，电脑会自动的帮助大家预测未来股价的上涨价格位置 D1、D2、D3。D1 代表股价弱势上涨的目标位置，D2 代表股价正常上涨的目标位置，D3 代表股价强势上涨的目标位置。此时通过电脑计算出潞安环能弱势上涨的目标位置是 D1：10.35，正常上涨的目标位置是 D2：10.61，强势上涨的目标位置是 D3：10.89。

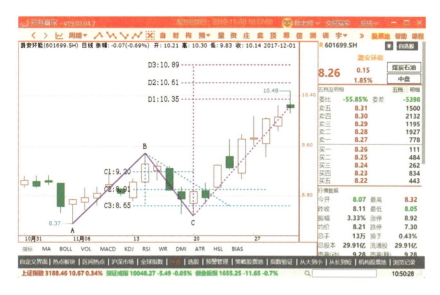

图三十六

如图三十六，股价在 2017 年 11 月 30 日正常上涨到提前预测出来的价格 D1:

思考

为什么在这里卖出一半仓位而不是全部仓位呢？

10.35 附近滞涨，而且实际走势的当天上影线刚好打到 D1 上，此时我们卖出一半股票。我们用一半底仓持股赚取长期收益，另一半仓位做差价降低成本。当天卖出 40000 股，成交均价为 10.35，成交金额为414000，卖出以后股价展开下跌，如图三十七。

图三十七

　　当股价走出如图三十七的走势的时候，形成了上涨回调走势，根据下跌找买点的操作策略，此时我们要考虑买入了，如图三十八。

图三十八

在图三十八中，是潞安环能 2017 年 10 月 31 日到 2017 年 12 月 11 日的走势图，图中从最低 8.49 上涨到了 10.48 后出现了回调下跌，根据预测赢家的左侧交易理念，下跌找买点，第一种上涨回调买入模型，也就是两点预测买入算法计算。此时我们在空间预测功能区用鼠标点击两点预测买入功能，在已知的波段低点 8.49 和波段高点 10.48 依次点击一下，电脑会自动的帮助大家预测未来股价的回调价格位置 C1、C2、C3。C1 代表股价弱势回调的目标位置，C2 代表股价正常回调的目标位置，C3 代表股价强势回调的目标位置。此时通过电脑计算出潞安环能弱势回调的目标位置是 C1：9.94，正常回调的目标位置是 C2：9.43，强势回调的目标位置是 C3：9.00。

图三十九

如图三十九，在 2017 年 12 月 13 日股价刚好跌到了提前预测出来的价格 C2：9.43 附近止跌，当天的下影线刚好打在目标位 C2 上，此时买入 43900 股，成交均价为 9.43，成交金额为 413977，买入以后股价展开上涨，如图四十。

图四十

当股价走出如图四十的走势的时候，形成了两波上涨走势，并创出了新高，根据上涨找卖点的操作策略，此时我们要考虑卖出了，如图四十一。

思考

我们在这里要卖出多少仓位呢？为什么不是全部卖出呢？

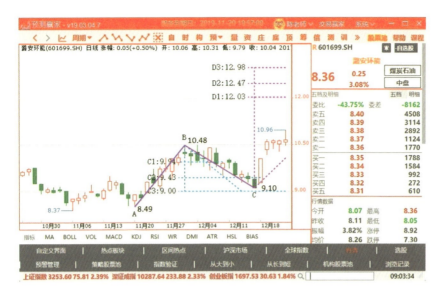

在图四十一中，是潞安环能 2017 年 10 月 31 日到 2017 年 12 月 22 日的走势图，图中从最低 8.49 上涨到了 10.48 又下跌到 9.10 之后再走出第二波上涨，根据预测赢家的左侧交易理念，上涨找卖点，第二种两波上涨卖出模型，也就是三点预测卖出算法计算。此时我们在空间预测功能区用鼠标点击三点预测卖出功能，在已知的波段低点 8.49 和波段高点 10.48 以及下跌的低点 9.10 依次点击一下，电脑会自动的帮助大家预测未来股价的上涨价格位置 D1、D2、D3。D1 代表股价弱势上涨的目标位置，D2 代表股价正常上涨的目标位置，D3 代表股价强势上涨的目标位置。此时通过电脑计算出潞安环能弱势上涨的目标位置是 D1：12.03，正常上涨的目标位置是 D2：12.47，强势上涨的目标位置是 D3：12.98。

图四十二

如图四十二，股价在 2018 年 1 月 8 日正常上涨到提前预测出来的价格 D2：12.47 附近滞涨，而且实际走势的当天上影线刚好打到 D2 上，此时我们卖出上次买入的那部分股票。我们用 40000 股底仓持股赚取长期收益，另一部分仓位做差价降低成本。当天卖出 43900 股，成交均价为 9.43，成交金额为 413977，卖出以后股价展开下跌，如图四十三。

思考

为什么要在这里卖出呢？如果是你，你会卖出吗？

图四十三

当股价走出如图四十三的走势的时候，形成了上涨回调走势，根据下跌找买点的操作策略，此时我们要考虑买入了，如图四十四。

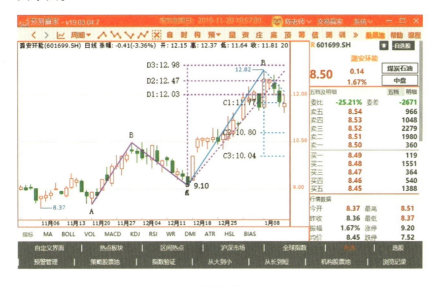

图四十四

图四十四中是潞安环能 2017 年 10 月 31 日到 2018 年 1 月 12 日的走势图，图中从最低 9.10 上涨到了 12.82 后出现了回调下跌，根据预测赢家的左侧交易理念，下跌找买点，第一种上涨回调买入模型，也就是两点预测买入算法计算。此时我们在空间预测功能区用鼠标点击两点预测买入功能，在已知的波段低点 9.10 和波段高点 12.82 依次点击一下，电脑会自动的帮助大家预测未来股价的回调价格位置 C1、C2、C3。C1 代表股价弱势回调的目标位置，C2 代表股价正常回调的目标位置，C3 代表股价强势回调的目标位置。此时通过电脑计算出潞安环能弱势回调的目标位置是 C1：11.77，正常回调的目标位置是 C2：10.80，强势回调的目标位置是 C3：10.04。

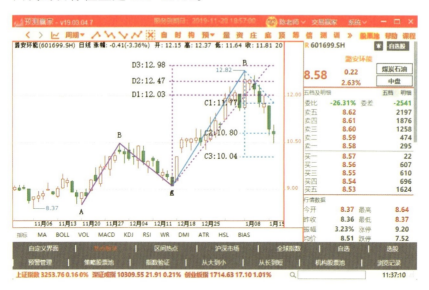

图四十五

如图四十五，在 2018 年 1 月 16 日股价刚好跌到了提前预测出来的价格 C2：10.80 附近止跌，当天的下影线刚好打在目标位 C2 上，此时买入 50600 股，成交均价为 10.80，成交金额为 546480，买入以后股价展开上涨，如图四十六。

图四十六

当股价走出如图四十六的走势的时候，形成了两波上涨走势，并创出了新高，根据上涨找卖点的操作策略，此时我们要考虑卖出了，如图四十七。

思考

你对左侧交易的模型原理融会贯通了吗？自己能严格按照左侧交易模型进行交易吗？

图四十七

在图四十七中，是潞安环能 2017 年 10 月 31 日到 2018 年 2 月 5 日的走势图，图中从最低 10.99 上涨到了 12.94 又下跌到 11.76 之后再走出第二波上涨，根据预测赢家的左侧交易理念，上涨找卖点，第二种两波上涨卖出模型，也就是三点预测卖出算法计算。此时我们在空间预测功能区用鼠标点击三点预测卖出功能，在已知的波段低点 10.99 和波段高点 12.94 以及下跌的低点 11.76 依次点击一下，电脑会自动的帮助大家预测未来股价的上涨价格位置 D1、D2、D3。D1 代表股价弱势上涨的目标位置，D2 代表股价正常上涨的目标位置，D3 代表股价强势上涨的目标位置。此时通过电脑计算出潞安环能弱势上涨的目标位置是 D1：14.45，正常上涨的目标位置是 D2：14.89，强势上涨的目标位置是 D3：15.39。

图四十八

如图四十八，股价在 2018 年 2 月 5 日正常上涨到提前预测出来的价格 D1: 14.45 附近滞涨，而且实际走势的当天上影线刚好打到 D1 上，此时我们卖出上次买入的那部分股票。我们用 40000 股底仓持股赚取长期收益，另一部分仓位做差价降低成本。当天卖出 50600 股，成交均价为 14.45，成交金额为 731170，卖出以后股价展开下跌，如图四十九。

思考

涨这么高了，为什么不全仓卖出呢？

图四十九

　　当股价走出如图四十九的走势的时候，形成了上涨回调走势，根据下跌找买点的操作策略，此时我们要考虑买入了，如图五十。

思考

如果是你自己在交易，能严格按照左侧交易要求进行交易吗？

在图五十中，是潞安环能 2017 年 10 月 31 日到 2018 年 2 月 8 日的走势图，图中从最低 10.41 上涨到了 14.65 后出现了回调下跌，根据预测赢家的左侧交易理念，下跌找买点，第一种上涨回调买入模型，也就是两点预测买入算法计算。此时我们在空间预测功能区用鼠标点击两点预测买入功能，在已知的波段低点 10.41 和波段高点 14.65 依次点击一下，电脑会自动的帮助大家预测未来股价的回调价格位置 C1、C2、C3。C1 代表股价弱势回调的目标位置，C2 代表股价正常回调的目标位置，C3 代表股价强势回调的目标位置。此时通过电脑计算出潞安环能弱势回调的目标位置是 C1：13.45，正常回调的目标位置是 C2：12.35，强势回调的目标位置是 C3：11.49。

图五十一

如图五十一，在 2018 年 2 月 9 日股价刚好跌到了提前预测出来的价格 C3：11.49 附近止跌，此时买入 63600 股，成交均价为 11.49，成交金额为 921564，买入以后股价展开上涨，如图五十二。

思考

在没有学习左侧交易之前遇到这样的加速暴跌行情，你敢去买入吗？

图五十二

当股价走出如图五十二的走势的时候，形成了下跌反弹的走势，根据上涨找卖点的操作策略，此时我们要考虑卖出了，如图五十三。

思考

为什么此时不用三点卖出模型而是用两点卖出模型呢？

图五十三

　　在图五十三中，是潞安环能 2017 年 10 月 31 日到 2017 年 2 月 22 日的走势图，图中从最高 14.65 下跌到了 10.92 后出现了下跌反弹，根据预测赢家的左侧交易理念，上涨找卖点，第一种下跌反弹卖出模型，也就是两点预测卖出算法计算。此时我们在空间预测功能区用鼠标点击两点预测卖出功能，在已知的波段高点 14.65 和波段低点 10.92 依次点击一下，电脑会自动的帮助大家预测未来股价的反弹价格位置 C1、C2、C3。C1 代表股价弱势反弹的目标位置，C2 代表股价正常反弹的目标位置，C3 代表股价强势反弹的目标位置。此时通过电脑计算出潞安环能弱势反弹的目标位置是 C1：11.75，正常反弹的目标位置是 C2：12.65，强势反弹的目标位置是 C3：13.48。

图五十四

如图五十四，在 2018 年 2 月 26 日股价刚好反弹到了提前预测出来的价格 C3：13.48 附近滞涨，此时卖出手中潞安环能所有股票，卖出股票 103600 股，成交均价为 13.48，成交金额为 103600，卖出以后股价展开大幅下跌，如图五十五。我们从 2017 年 11 月 17 日第一次买入这只股票成交金额是 6292000 到 2018 年 2 月 26 日卖出成交金额是 1396528，三个月的时间，操作资金翻了一倍，这就是左侧交易的魅力，预测赢家的魅力。

思考

为什么会在这里全部卖掉呢？是因为结构改变还是其它因素？左侧交易第二册第一章中将会讲到，在此大家先思考。

63

第一章 左侧交易概论

图五十五

　　我相信有很多读者在这个时候就很奇怪，为什么我会在这次选择全部卖掉呢？我怎么知道卖掉以后股票的趋势就会发生改变？由上涨变成下跌呢？一个优秀的交易者一定会产生一系列的问题。当然你没有问题只能说明你修行不到。其实股市就是在修行，不断的修行。

思考

你在股市里修行了吗?
修行的结果是什么?

　　在图五十六中，第一次股价回调到 C3 位置，是因为底部上涨动力弱所以回调强，第二次回调到 C2 和 C3 之间，上涨动力强了回调力度在减弱，第三次回调到 C2，上涨动力更强回调力度正常，第四次回调到 C3 这就是上涨动力再次减弱，回调力度再一次变强，这就是见顶信号，结构要发生改变，股市的结构理论我会在左侧交易第二本书中的章节细讲。

　　接下来大家要认真学习下面的几个章节内容，学懂了、搞明白了，从此你的股市命运就会发生改变，你将会开启股市翻倍的人生。通过本书的分形理论、画线理论、区间理论，和左侧交易第二本书的结构理论、递归理论，以及左侧交易第三本书的背离理论和心态篇。从基础到深入，从节奏到精准，帮大家开启财富大门。

● 小结

　　学到此处，我相信广大读者一定会觉的左侧交易很神奇，对自己炒股很有帮助，但是依然很模糊，甚至还有很多疑虑，怀疑这是不是真的，怀疑左侧交易模型是不是真的那么好……有这些疑虑很正常，主要是大家还没学习左侧交易的基础知识。我相信，大家把基础知识学习明白了，会觉的更加神奇，会更加相信左侧交易对大家有帮助。

分形理论

第二章

第五宇宙规律是混沌与分形理论，其中分形理论、相对论和量子力学被称为 21 世纪最伟大的发现。分形理论是左侧交易的基石，没有分形理论，就很难进行精准的左侧交易预测，所以广大读者要想学习好左侧交易，必须学习好分形理论。

第一节 分形理论的数学模型

一、分形理论的形成

分形理论 (Fractal Theory) 是当今十分风靡和活跃的新理论、新学科。分形的概念是美籍数学家本华·曼德博（法语 Benoit B. Mandelbrot）首先提出的。分形理论的数学基础是分形几何学，即由分形几何衍生出分形信息、分形设计、分形艺术等应用。分形理论的最基本特点是用分数维度的视角和数学方法描述和研究客观事物，也就是用分形分维的数学工具来描述研究客观事物。它跳出了一维的线、二维的面、三维的立体乃至四维时空的传统藩篱，更加趋近复杂系统的真实属性与状态的描述，更加符合客观事物的多样性与复杂性。

1967 年，Mandelbrot 在美国权威的《科学》杂志上发表了题为《英国的海岸线有多长？统计自相似和分数维度》（How Long Is the Coast of Britain? Statistical Self-Similarity and Fractional Dimension）的著名论文。海岸线作为曲线，其特征是极不规则、极不光滑的，呈现极其蜿蜒复杂的变化。我们不能从形状和结构上区分这部分海岸与那部分海岸有什么本质的不同，这种几乎同样程度的不规则性和复杂性，说明海岸线在形貌上是自相似的，也就是局部形态和整体形态的相似。在没有建筑物或其他东西作为参照物时，在空中拍摄的 100 公里长的海岸线与放大了的 10 公里长海岸线的两张照片，看上去会十分相似。事实上，具有自相似性的形态广泛存在于自然界中，如：连绵的山川、飘浮的云朵、岩石的断裂口、粒子的布朗运动、树冠、花菜、大脑皮层……Mandelbrot 把这些部分与整体以某种方式相似的形体称为分形 (fractal)。1975 年，他创立了分形几何学 (Fractal Geometry)。在此基础上，形成了研究分形性质及其应用的科学，称为分形理论。

二、分形理论的模型

1.Julia 集

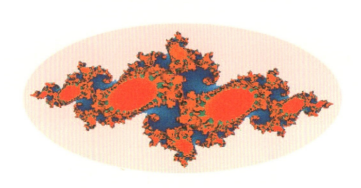

Julia 集

Julia 集是由法国数学家 Gaston Julia 和 Pierre Faton 在发展了复变函数迭代的基础理论后获得的。Julia 集也是一个典型的分形，只是在表达上相当复杂，难以用古典的数学方法描述。朱利亚集合由一个复变函数 $f(z) = z^2 + c$ 生成，其中 c 为常数。

尽管这个复变函数看起来很简单，然而它却能够生成很复杂的分形图形。

上图为朱利亚集合生成的图形，由于 c 可以是任意值，所以当 c 取不同的值时，生成的图形也不相同。

2.cantor（康托）三分集

1883 年，德国数学家康托 (G.Cantor) 提出了如今广为人知的三分康托集，或称康托尔集。三分康托集是很容易构造的，然而，它却显示出许多最典型的分形特征。它是从单位区间出发，再由这个区间不断地去掉部分子区间的过程构造出来的 (如下图)。

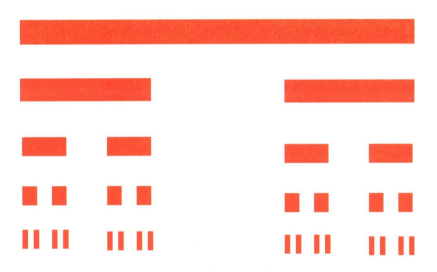

三分康托集的构造过程

其详细构造过程是：

第一步，把闭区间 [0，1] 平均分为三段，去掉中间的 1/3 部分，则只剩下两个闭区间 [0，1/3] 和 [2/3，1]。

第二步，再将剩下的两个闭区间各自平均分为三段，同样去掉中间的区间段，这时剩下四段闭区间：[0，1/9]，[2/9，1/3]，[2/3，7/9] 和 [8/9，1]。

第三步，重复删除每个小区间中间的 1/3 段。如此不断的分割下去，最后剩下的各个小区间段就构成了三分康托集。三分康托集的豪斯多夫维是 0.6309。

3.Koch 曲线

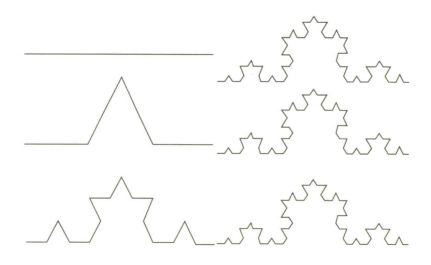

Koch 曲线的生成过程

1904 年，瑞典数学家柯赫构造了 "Koch 曲线" 几何图形。Koch 曲线大于一维，具有无限的长度，但是又小于二维。它和三分康托集一样，是一个典型的分形。根据分形的次数不同，生成的 Koch 曲线也有很多种，比如三次 Koch 曲线，四次 Koch 曲线等。下面以三次 Koch 曲线为例，介绍 Koch 曲线的构造方法，其它的可依此类推。

三次 Koch 曲线的构造过程主要分为三大步骤：

第一步，给定一个初始图形——一条线段；

第二步，将这条线段中间的 1/3 处向外折起；

第三步，按照第二步的方法不断的把各段线段中间的 1/3 处向外折起。这样无限的进行下去，最终即可构造出 Koch 曲线。其图例构造过程如上图 Koch 曲线的生成过程图所示 (迭代了 5 次的图形)。Koch 曲线最后应用在股市中，形成了股市 K 线的分形理论。下文中我们重点展开讲解股市的 K 线分形理论，分形理论应用在股市中主要形成了两个重要的分析模型，一个是空间分析模型，另一个是时间分析模型。在下文中我们提到的分形理论就是股市 K 线的分形理论，为了简单起见，我们就简称为分形理论。接下来我们重点讲解分形理论在股市中的空间和时间的分析实战应用。

■■■■■ 小结

  分形理论就是把世界杂乱无序的事情变得有一定的规律，并可以通过这些规律来分析那些杂乱无序的事物，这些规律被应用在各个领域。本节主要是讲解分形的出现和由来，以及分形的一些数学原理，便于大家在后面分形的实战学习中更容易地理解和掌握。我相信大家已经迫不及待的想学习下一节分形在股市的实战应用了。未来想成为巴菲特、西蒙斯的读者，你准备好了吗？

第二节 分形理论的股市时间应用

　　分形理论中的 Koch 曲线模型，可以把无规则的图形变得有规则，如图一中的大脑结构图，通过不断的放大，最后无规则的大脑结构就变成了有规则的分形图。我们通过研究最小的分形图去研究无规则的大脑结构图。

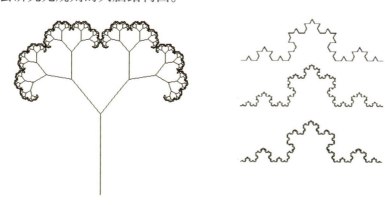

图一

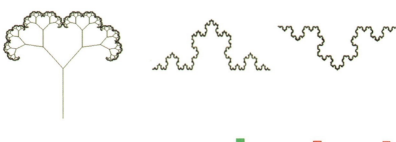

图二

如图二，如果我们把 Koch 曲线模型应用在股市中，就形成了三日分形或五日分形。在股市中应用最广泛的就是三日分形和五日分形。接下来我以五日分形重点讲解一下分形的一些概念术语。

🖱一、 **分形概念术语定义**

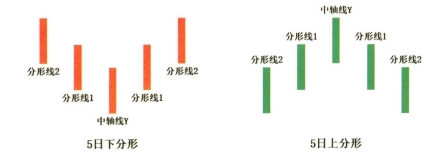

5日下分形　　　　　　　　　5日上分形

图三

通过图三 5 日分形解释几个定义。

中轴线：是分形中的中间线，是整个分形里的最高点或最低点，一般用字母 Y 表示。

分形线：是最高价和最低价相比之前相邻的中轴线或分形线的最高价和最低价依次抬高或降低的 K 线。

分形序列：是中轴线左右两侧的分形线依次排序形成的序列，例如中轴线右侧分形线序列 1、2、3、4、5……

分形级别：中轴线与左右相同分形线的和，如 3 日、5 日、7 日、9 日……

图四

在图四中，Y 所在的 K 线位置是中轴线，中轴线 Y 右侧第一根 K 线最高价没有中轴线的 K 线最高价高，所以中轴线 Y 右侧第一根 K 线不是分形线。中轴线 Y 右侧第二根 K 线的最高价和最低价分别比中轴线最高价和最低价都高，所以中轴线 Y 右侧第二根 K 线是分形线，标记为分形线 1，为了标记简单，用数字 1 标记。分形线 1 右侧的第一根 K 线的最高价和最低价分别比分形线 1 最高价和最低价都高，所以分形线 1 右侧的第一根 K 线是分形线，标记为分形线 2，为了标记简单，用数字 2 标记。分形线 2 右侧的第一根 K 线的最高价和最低价分别比分形线 2 最高价和最低价都高，所以分形线 2 右侧的第一根 K 线是分形线，标记为分形线 3，为了标记简单，用数字 3 标记。分形线 3 右侧的第一根 K 线的最高价比分形线 3 最高价低，所以分形线 3 右侧的第一根 K 线不是分形线。分形线 3 右侧的第二根 K 线的最高价比分形线 3 最高价低，所以分形线 3 右侧的第二根 K 线不是分形线。分形线 3 右侧的第三根 K 线的最高价和最低价分别比分形线 3 最高价和最低价都高，所以分形线 3 右侧的第三根 K 线是分形线，标记为分形线 4，为了标记简单，用数字 4 标记。分形线 4 右侧的第一根 K 线的最高价和最低价分别比分形线 4 最高价和最低价都高，所以分形线 4 右侧的第一根 K 线是分形线，标记为分形线 5，为了标记简单，用数字 5 标记。分形线 5 右侧的第一根 K 线的最高价和最低价分别比分形线 5 最

高价和最低价都高，所以分形线 5 右侧的第一根 K 线是分形线，标记为分形线 6，为了标记简单，用数字 6 标记。分形线 6 右侧的第一根 K 线的最低价比分形线 6 最低价低，所以分形线 6 右侧的第一根 K 线不是分形线。分形线 6 右侧的第二根 K 线的最低价和分形线 6 最低价一样，所以分形线 6 右侧的第二根 K 线不是分形线。分形线 6 右侧的第三根 K 线的最高价和最低价分别比分形线 6 最高价和最低价都高，所以分形线 6 右侧的第三根 K 线是分形线，标记为分形线 7，为了标记简单，用数字 7 标记。

注意：判断本 K 线是不是分形线，一定是和它最近的分形线进行比较。根据刚才的判断分形线标准，中轴线 Y 左侧依次也有

第二章 分形理论

7 个分形线。此时分形线左右两侧的分形序列都是 1、2、3、4、5、6、7。分形级别是 7+7+1=15，即 15 日分形。分形线是分形在时间周期中应用的基本单位，下面的几个章节我们会重点讲解的。

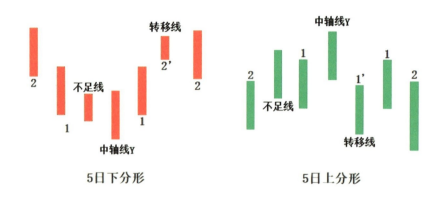

图五

通过图五不规则 5 日分形解释几个定义。

不足线：不满足分形线要求的 K 线。

转移线：也叫转移分形线，在下分形中某日最低价高于前一日分形线最高价，且某日的分形线成立，此分形线不作为计算分形序列，会被后续分形线替代；在上分形中某日最高价低于前一日分形线最低价，且某日的分形线成立，此分形线不作为计算分形序列，同样会被后续分形线替代。

替代线：是替代转移线的分形线。

图六

在图六中，Y 所在的 K 线位置是中轴线，中轴线 Y 左侧第一根 K 线最高价没有中轴线的 K 线最高价高，所以中轴线 Y 左侧第一根 K 线不满足分形线的要求，称为不足线。中轴线 Y 左侧第二根 K 线的最高价和最低价分别比中轴线最高价和最低价都高，所以中轴线 Y 左侧第二根 K 线是分形线，标记为分形线 1，为了标记简单，用数字 1 标记。分形线 1 左侧的第一根 K 线的最高价和最低价分别比分形线 1 最高价和最低价都高，所以分形线 1 左侧的第一根 K 线是分形线，标记为 2。分形线 2 左侧的第一根 K 线的最高价和最低价分别比分形线 2 最高价和最低价都高，所以分形线 2 左侧的第一根 K 线是分形线，标记为 3。分形线 3 左侧的第一根 K 线的最高价和最低价分别比分形线 3 最高价和最低价都高，所以分形线 3 左侧的第一根 K 线是分形线，标记为 4。分形线 4 左侧的第一根和第二根 K 线的最低价没有分形线 4 最低价高，所以分形线 4 左侧的第一根和第二根 K 线不满足分形线的要

79

第二章　分形理论

求，称为不足线。
分形线 4 左侧的第
三根 K 线的最高价
和最低价分别比分
形线 4 最高价和最
低价都高，所以分
形线 4 左侧的第三
根 K 线是分形线，
标记为 5。分形线 5

左侧的第一根、第二根和第三根 K 线的最低价没有分形线 5 最低
价高，所以分形线 5 左侧的第一根、第二根和第三根 K 线不满足
分形线的要求，称为不足线。分形线 5 左侧的第四根和第五根 K
线的最低价都比分形线 5 最高价高，所以分形线 5 左侧的第四根
和第五根 K 线是转移线，直到分形线 5 左侧的第六根 K 线出现，
第六根 K 线的最高价和最低价分别比分形线 5 最高价和最低价都
高，所以分形线 5 左侧的第六根 K 线是分形线，标记为 6，即第
六根 K 线是替代线。分形线 6 左侧的第一根 K 线的最高价没有分
形线 6 最高价高，所以分形线 6 左侧的第一根 K 线不满足分形线
的要求，称为不足线。分形线 6 左侧的第二根、第三根和第四根
K 线的最低价都比分形线 6 最高价高，所以分形线 6 左侧的第二根、
第三根和第四根 K 线是转移线，直到分形线 6 左侧的第五根 K 线
出现，第五根 K 线的最高价和最低价分别比分形线 6 最高价和最
低价都高，所以分形线 6 左侧的第五根 K 线是分形线，标记为 7，
即第五根 K 线也是替代线。分形线 7 左侧的第一根、第二根和第

三根 K 线的最低价没有分形线 7 最低价高，所以分形线 7 左侧的第一根、第二根和第三根 K 线不满足分形线的要求，称为不足线。分形线 7 左侧的第四根 K 线的最高价和最低价分别比分形线 7 最高价和最低价都高，所以分形线 7 左侧的第四根 K 线是分形线，标记为 8。分形线 8 左侧的第一根 K 线的最高价和最低价分别比分形线 8 最高价和最低价都高，所以分形线 8 左侧的第一根 K 线是分形线，标记为 9。

　　注意：在图六中，中轴线 Y 右侧第一根 K 线根据上面的定义是转移线，但是后面一直没有替代线出现，所以中轴线 Y 右侧第一根 K 线也只能称为分形线了，标记为 1，后面的分形线依次为 2、3、4、5、6。分形线用了这么多的篇幅进行讲解，主要原因是它很重要，尤其是在时间周期上的应用，接下来详细讲解分形线在时间周期中的使用。

二、 分形的时间周期

　　分形在分析时间周期的时候有两个定律：一个是对称性，一个是相似性。

　　分形线的对称性：股价在底部或者顶部区域的时候，中轴线 Y 左右两边的分形线数量是对称的，即数量一样多，左右两边的误差最多是 1。

　　分形线的相似性：股价在上升趋势或下降趋势的时候，中轴线 Y1 和中轴线 Y2 右边的分形线数量是相似的，即数量一样多，两波的误差最多是 1。

图七

在图七中，是水井坊周线走势图，中轴线 Y 所在的区域是底部区域，根据分形线的对称性，中轴线 Y 左右两边的分形线数量是对称的，因此中轴线 Y 左侧分形线数量是 8，右侧也是 8，由于误差最多是 1，右侧最多是 9，所以我们可以在中轴线 Y 右侧第八根或第九根分形线卖掉股票，之后出现 7 周的下跌。中轴线 Y1 和中轴线 Y2 所在的区域是上升趋势，根据分形线的相似性，中轴线 Y1 右侧的上涨分形线数量和中轴线 Y2 右侧的上涨分形线数量是相似的，因此中轴线 Y1 右侧上涨分形线数量是 12，中轴线 Y2 右侧上涨分形线数量也是 12，所以我们可以在中轴线 Y2 右侧上涨的第十二根分形线卖掉股票，之后出现 6 周 30% 的下跌。

注意：分形线数量不等于 K 线数量，分形线数量是包含了时间和空间因素在里面的，而 K 线数量仅仅只是时间因素。

图八

在图八中，是水井坊周线走势图，中轴线 Y1 和中轴线 Y2 所在的区域是上升趋势，根据分形线的相似性，中轴线 Y1 右侧下跌的分形线数量和中轴线 Y2 右侧下跌的数量是相似的，因此中轴线 Y1 右侧下跌分形线数量是 4，中轴线 Y2 右侧下跌的分形线数量也是 4，由于误差最多是 1，Y2 右侧分形线数量最多是 5，所以我们可以在中轴线 Y2 右侧下跌的第四根或第五根分形线买入股票，之后出现80%的上涨。

思考

为什么 Y1 右侧下跌的时间周期要和 Y2 右侧下跌的时间周期相似呢？

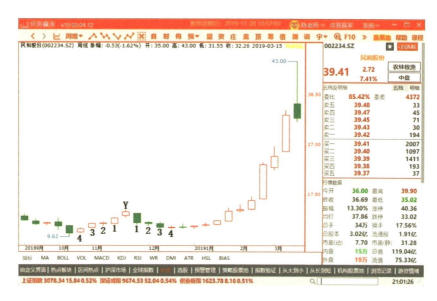

图九

在图九中，是民和股份周线走势图，中轴线 Y 所在的区域是底部区域，根据分形线的对称性，中轴线 Y 左右两边的分形线数量是对称的，因此中轴线 Y 左侧分形线数量是 4，右侧也是 4，所以我们可以在中轴线 Y 右侧第四根分形线买入股票，之后出现 11 周 277.22% 的上涨。

思考

为什么此时要用对称性而不是相似性呢？

图十

在图十中，是水井坊周线走势图，中轴线 Y1 和中轴线 Y2 所在的区域是下降趋势，根据分形线的相似性，中轴线 Y1 右侧下跌的分形线数量和中轴线 Y2 右侧下跌的数量是相似的，因此中轴线 Y1 右侧下跌分形线数量是 4，中轴线 Y2 右侧下跌的分形线数量也是 4，所以我们可以在中轴线 Y2 右侧下跌的第四根分形线买入股票，之后出现 93.21% 的上涨。

······ 小结

分形的时间周期在实际股票买卖交易决策的时候是非常有效的，虽然看上去很简单，一个是分形线，一个是相似性和对称性。但是如果想在股市中灵活运用还是要下一番功夫的，请广大读者一定要认真学习本章节的内容。

第二章　分形理论

第三节 分形理论的股市空间应用

一、分形的空间定义

在股市空间预测模型计算中，一般用的是三日分形，接下里来我们以三日分形为例重点讲解空间预测涉及到三日分形的一些定义。

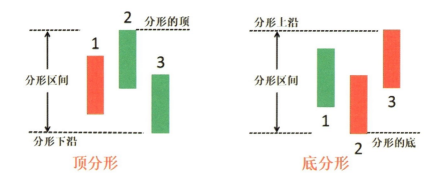

图十一

顶分形：第二根 K 线的高点是相邻三根 K 线高点中的最高点，而低点也是三根 K 线低点中的最高点。

底分形：第二根 K 线的低点是相邻三根 K 线低点中的最低点，而高点也是三根 K 线高点中的最低点。

注意：顶分形的最高点叫该分形的顶，底分形的最低点叫该分形的底，由于顶分形的底和底分形的顶是没有分析意义的，所以顶分形的顶和底分形的底简称为顶和底，后面章节中我们提到的顶和底就是顶分形的顶和底分形的底。

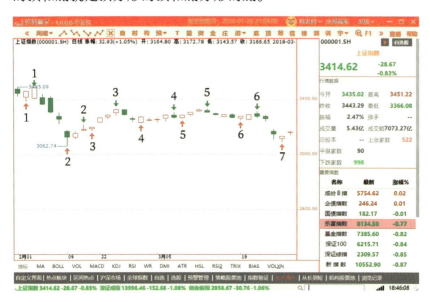

图十二

在图十二中，是上证指数的日线走势图，一共有 7 个底分形、6 个顶分形，也可以称作 7 个底 6 个顶。为了便于讲解和学习，我们用数字序列分别标记顶分形和底分形，第一个底左右两侧 K 线最高价和最低价分别比本 K 线最高价和最低价都高，满足底分形定义，第一个底成立。第一个顶左右两侧 K 线最高价和最低价分别比本 K 线最高价和最低价都低，满足顶分形定义，第一个顶成立。第二个底左右两侧 K 线最高价和最低价分别比本 K 线最高价和最低价都高，满足底分形定义，第二个底成立。第二个顶左右两侧 K 线最高价和最低价分别比本 K 线最高价和最低价都低，满足顶分形定义，第二个顶成立。依次类推找出 7 个底和 6 个顶。

注意：顶可以成为底的分形线、底也可以成为顶的分形线或顶底之间是可以共用同一根分形线的。例如第一个底右侧的分形线是第一个顶，第一个顶左侧的分形线是第一个底，第六个底右侧的分形线和第六个顶左侧分形线是共用一根分形线。

二、 分形的包含关系

在实际找顶底分形的时候，经常会出现很多 K 线包含关系，这样给我们找分形带来很多不便，所以我们要想正确的找出分形，首先要对 K 线进行包含处理，接下来我们先对包含关系和非包含关系进行定义。

包含关系

图十三

包含关系：相邻两根 K 线，其中 1 根 K 线的高低点都在另 1 根 K 线的范围内。

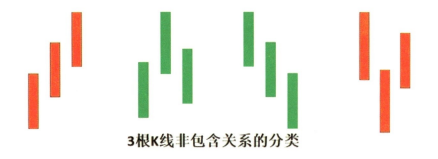

3根K线非包含关系的分类

图十四

非包含关系：没有包含关系的三根相邻K线，如图十四，二、四分别是顶分形和低分形，一是上升K线，三是下降K线。

图十五

在图十五中，请广大读者找一找，找出包含关系的K线组和非包含关系的顶底分形以及上升K线和下降K线。只有我们大家亲自动手去找，才能真正的掌握包含关系和非包含关系的真谛。

89

第二章　分形理论

图十六

在图十六中，一共有12组用黑色框标记的包含关系K线组。在第一组包含关系K线组中，阳线的最高价大于阴线的最高价，阳线的最低价小于阴线的最低价，故阴线的高低点都在阳线的高低点范围内，所以形成了包含关系K线组。在第二组包含关系K线组中，大阴线右侧两根阳线和一根阴线高低点都在大阴线的高低点范围内，所以形成了第二组包含关系K线组。在第三组包含关系K线组中，大阴线左侧两根阳线和一根阴线高低点都在大阴线的高低点范围内，所以形成了第三组包含关系K线组。在第四组包含关系K线组中，大阳线右侧阴线高低点都在大阳线的高低点范围内，所以形成了第四组包含关系K线组。在第五组包含关系K线组中，大阴线左有两侧两根阳线高低点都在大阴线的高低点范围内，所以形成了第五组包含关系K线组。以此类推，找出了用黑色框标记的12组包含关系K线组。

在图十六中，用红色框标记的非包含关系上升 K 线组有 1 组，非包含关系下降 K 线组没有。非包含关系顶分形有两组，非包含关系底分形也有两组。用红色框标记的非包含关系上升 K 线组中，连续 6 根 K 线最低价和最高价依次抬高形成非包含关系上升 K 线组。在第一组顶分形中，顶 1 左右两根分形线与顶 1 不存在包含关系，所以属于非包含关系顶分形。在第二组顶分形中，顶 2 左右两根分形线与顶 2 不存在包含关系，所以属于非包含关系顶分形。在第一组底分形中，底 1 左右两根分形线与底 1 不存在包含关系，所以属于非包含关系底分形。在第二组底分形中，底 2 左右两根分形线与底 2 不存在包含关系，所以属于非包含关系底分形。

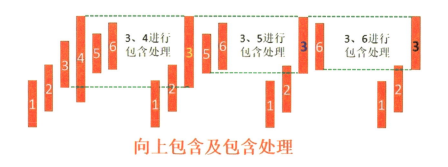

向上包含及包含处理

图十七

向上包含处理：就是取两根 K 线高点中的最高值和低点中的最高值形成新的 K 线的高低点。

包含处理顺序：要按照从左到右的顺序进行顺序包含处理操作。

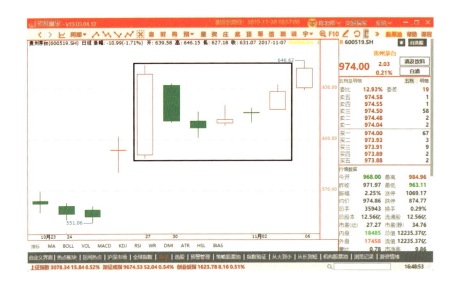

图十八

通过上文对向上包含处理关系的学习，接下来对图十八包含数组进行向上包含处理。

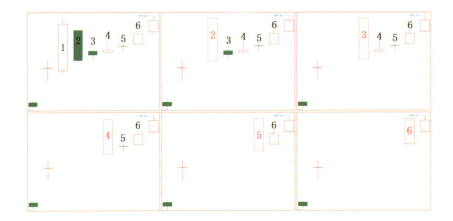

图十九

图十九是对图十八包含数组向上包含处理过程，在图十九第

一幅小图中，K线1、2、3、4、5、6是包含数组，按照从左到右的顺序进行包含处理，先对K线1和K线2进行向上包含处理，取K线1和K线2的最高价的最高值和最低价的最高值形成新的K线2，如图十九中的第二幅小图，再取新的K线2和K线3的最高价的最高值和最低价的最高值形成新的K线3，如图十九中的第三幅小图，再取新的K线3和K线4的最高价的最高值和最低价的最高值形成新的K线4，如图十九中的第四幅小图，再取新的K线4和K线5的最高价的最高值和最低价的最高值形成新的K线5，如图十九中的第五幅小图，再取新的K线5和K线6的最高价的最高值和最低价的最高值形成新的K线6，如图十九中的第六幅小图，此时第六幅小图是进行向上包含处理以后的走势图。

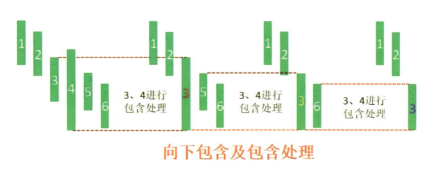

向下包含及包含处理

图二十

向下包含处理：就是取两根K线高点中的最低值和低点中的最低值形成新的K线的高低点。

包含处理顺序：要按照从左到右的顺序进行顺序包含处理操作。

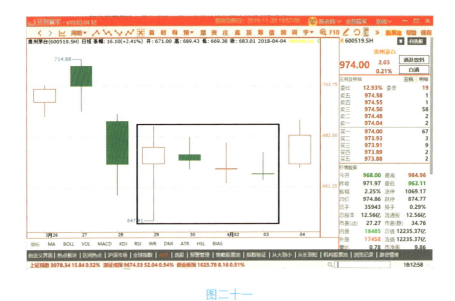

图二十一

通过上文对向下包含处理的学习，接下来对图二十一包含数组进行向下包含处理。

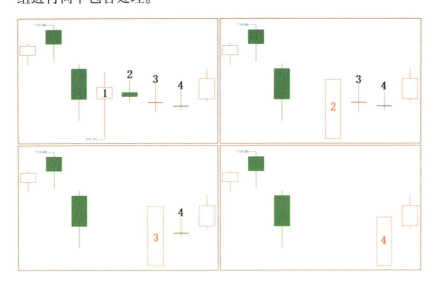

图二十二

图二十二是对图二十一包含数组向下包含处理的过程，在图二十二第一幅小图中，K线1、2、3、4是包含数组，按照从左到右的顺序进行包含处理，先对K线1和K线2进行向下包含处理，取K线1和K线2的最高价的最低值和最低价的最低值形成新的K线2，如图二十二中的第二幅小图，再取新的K线2和K线3的最高价的最低值和最低价的最低值形成新的K线3，如图二十二中的第三幅小图，再取新的K线3和K线4的最高价的最低值和最低价的最低值形成新的K线4，如图二十二中的第四幅小图，此时第四幅小图是进行向下包含处理以后的走势图。

三、 分形的K线组包含关系

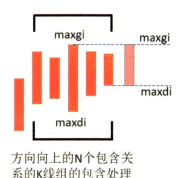

方向向上的N个包含关系的K线组的包含处理

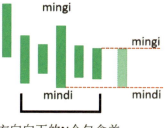

方向向下的N个包含关系的K线组的包含处理

图二十三

K线组向上包含处理：就是取具有包含关系K线数组中的各个K线高点中的最高值和低点中的最高值形成新的K线的高低点。

K线组向下包含处理：就是取具有包含关系K线数组中的各个K线高点中的最低值和低点中的最低值形成新的K线的高低点。

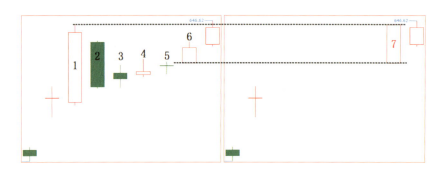

图二十四

在图二十四中K线1、2、3、4、5、6是包含数组，按照包含数组依次向上处理规则，取K线1、K线2、K线3、K线4、K线5、K线6的最高价的最高值和最低价的最高值形成新的K线7，如图二十四中的第二幅小图，此时第二幅小图是进行向上包含处理以后的走势图。

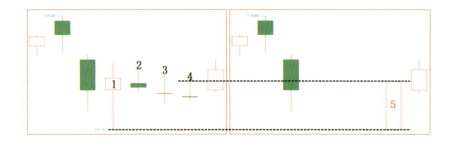

图二十五

在图二十五中K线1、2、3、4是包含数组，按照包含数组依次向下处理规则，取K线1、K线2、K线3、K线4的最高价的最低值和最低价的最低值形成新的 K 线 5，如图二十五中的第二幅小图，此时第二幅小图是进行向下包含处理以后的走势图。

看到这里，有心的读者就会产生疑问，包含处理基本学会了，但是关键怎么去判断什么情况下是向上包含处理，什么情况下是向下包含处理，接下来我们用数学逻辑定义去阐述一下什么情况下是向上包含处理，什么情况下是向下包含处理。

图二十六

方向向上：当第 n 根 K 线和第 n+1 根 K 线形成包含关系，$gn>=gn\text{-}1$ 时，称第 n-1、n、n+1 根方向向上。

方向向下：当第 n 根 K 线和第 n+1 根 K 线形成包含关系，$dn<=dn\text{-}1$ 时，称第 n-1、n、n+1 根方向向下。

图二十七

在图二十七中，分别找出向上和向下的包含关系数组，并给出处理结果，读者可以手动用铅笔画一下，画完以后和下面的答案作对比，看看自己学到什么程度了。

图二十八

如图二十八，一共九组被黑色框框起来的向上包含关系K线数组。

第一组大阴线包含了其左侧第一根中阳线，形成包含 K 线数组，其左侧的第二根小阳线最高价小于其左侧第一根中阳线最高价，因此形成向上包含 K 线数组。

第二组大阳线包含了其左侧第一根小阴线，形成包含 K 线数组，其左侧的第二根小阳线最高价小于其左侧第一根小阴线最高价，因此形成向上包含 K 线数组。

第三组大阳线包含了其左侧第一根和第二根小阴线，形成包含 K 线数组，其左侧的第三根小阳线最高价小于其左侧第二根小阴线最高价，因此形成向上包含 K 线数组。

第四组中阳线包含了其左侧第一根小阳线，形成包含 K 线数组，其左侧的第二根小阳线最高价小于其左侧第二根小阳线最高价，因此形成向上包含 K 线数组。

第五组中阳线包含了其左侧第一根小阳线，形成包含 K 线数组，其左侧的第二根小阳线最高价小于其左侧第一根小阳线最高价，因此形成向上包含 K 线数组。

第六组小阳线包含了其右侧第一根小阳线，形成包含 K 线数组，其左侧的第一根小阴线最高价小于其本身最高价，因此形成向上包含 K 线数组。

第七组中大阳线包含了其左侧第一根阴线和第二根、第三根、第四根、五根小阳线，形成包含 K 线数组，其左侧的第五根中阳线最高价小于其左侧第四根小阳线最高价，因此形成向上包含 K 线数组。

第八组小阳线包含了其左侧第一根和第二根小阴线，形成包含 K 线数组，其左侧的第三根大阳线最高价小于其左侧第二根小阴线最高价，因此形成向上包含 K 线数组。

第九组大阳线包含了其右侧第一根小阳线，形成包含 K 线数组，其左侧的第一根小阳线最高价小于其本身最高价，因此形成向上包含 K 线数组。

图二十九

如图二十九，一共九组包含关系 K 线数组，图中显示了分别进行向上包含处理的结果。

第一组向上包含数组里有两根 K 线，一根中阳线和一根大阴线，我们取两根 K 线的最低价的最高值和两根 K 线最高价的最高值形成新的 K 线。

第二组向上包含数组里有两根 K 线，一根小阴线和一根大阳线，我们取两根 K 线的最低价的最高值和两根 K 线最高价的最高值形成新的 K 线。

第三组向上包含数组里有三根 K 线，两根小阴线和一根大阳线，我们取三根 K 线的最低价的最高值和三根 K 线最高价的最高值形成新的 K 线。

第四组向上包含数组里有两根 K 线，两根小阳线，我们取两根 K 线的最低价的最高值和两根 K 线最高价的最高值形成新的 K 线。

第五组向上包含数组里有两根 K 线，一根小阳线和一根中阳线，我们取两根 K 线的最低价的最高值和两根 K 线最高价的最高值形成新的 K 线。

思考

为什么包含关系要区分向上包含和向下包含呢？

第六组向上包含数组里有两根 K 线，两根小阳线，我们取两根 K 线的最低价的最高值和两根 K 线最高价的最高值形成新的 K 线。

第七组向上包含数组里有六根 K 线，四根小阳线、一根中阴线和一根大阳线，我们取五根 K 线的最低价的最高值和五根 K 线最高价的最高值形成新的 K 线。

第八组向上包含数组里有三根 K 线，两根小阴线和一根小阳线，我们取三根 K 线的最低价的最高值和三根 K 线最高价的最高值形成新的 K 线。

第九组向上包含数组里有两根 K 线，一根大阳线和一根小阳线，我们取两根 K 线的最低价的最高值和两根 K 线最高价的最高值形成新的 K 线。

图三十

如图三十，一共七组被黑色框框起来的向下包含关系 K 线数组。

第一组小阴线包含了其右侧第一根 K 线，形成包含 K 线数组，其左侧的第一根小阴线最低价大于其本身最低价，因此形成向下包含 K 线数组。

第二组小阳线包含了其右侧第一根小阴线，形成包含 K 线数组，其左侧的第一根大阴线和其左侧第二根中阳线向上包含处理以后，形成新的 K 线的最低价大于其本身最低价，因此形成向下包含 K 线数组。

第三组小阴线包含了其右侧第一根小阳线，形成包含 K 线数组，其左侧的第一根小阴线最低价大于其本身最低价，因此形成向下包含 K 线数组。

第四组小阳线包含了其右侧第一根中阴线，形成包含 K 线数组，其左侧的第一根小阴线最低价大于其本身最低价，因此形成向下包含 K 线数组。

第五组小阳线包含了其右侧第一根小阴线，形成包含 K 线数组，其左侧的第一根中阴线最低价大于其本身最低价，因此形成向下包含 K 线数组。

第六组小阴线包含了其左侧第一根小阳线，形成包含 K 线数组，其左侧的第二根小阳星最低价大于其左侧第一根小阳线最低价，因此形成向下包含 K 线数组。

第七组小阴线包含了其右侧第一根小阴星，形成包含 K 线数组，其左侧的第一根小阴线最低价大于其本身最低价，因此形成向下包含 K 线数组。

图三十一

如图三十一，一共七组包含关系 K 线数组，图中显示了分别进行向下包含处理的结果。

第一组向下包含数组里有两根线，两根小阴线，我们取两根 K 线的最低价的最低值和两根 K 线最高价的最低值形成新的 K 线。

第二组向下包含数组里有两根 K 线，一根小阳线和一根小阴线，我们取两根 K 线的最低价的最低值和两根 K 线最高价的最低值形成新的 K 线。

第三组向下包含数组里有两根 K 线，一根小阴线和一根小阳线，我们取两根 K 线的最低价的最低值和两根 K 线最高价的最低值形成新的 K 线。

第四组向下包含数组里有两根 K 线，一根小阳线和一根中阴线，我们取两根 K 线的最低价的最低值和两根 K 线最高价的最低值形成新的 K 线。

第五组向下包含数组里有两根 K 线，一根小阳线和一根小阴线，我们取两根 K 线的最低价的最低值和两根 K 线最高价的最低值形成新的 K 线。

第六组向下包含数组里有两根 K 线，一根小阳线和一根小阴线，我们取两根 K 线的最低价的最低值和两根 K 线最高价的最低值形成新的 K 线。

第七组向下包含数组里有两根 K 线，一根小阴线和一根小阴星，我们取两根 K 线的最低价的最低值和两根 K 线最高价的最低值形成新的 K 线。

上文我们一直在学习包含关系处理，目的是在处理完包含关系以后能准确的找出顶底分形，因为有的时候在实际的股市走势中会出现大量的包含关系，这样给我们找分形带来很多不便，只有进行了包含关系处理以后我们才能清楚精准的找出分形。

图三十二

在图三十二中，找出图中所有的顶底分形，自己动手画一画，检验一下自己的实战学习效果，把自己找出来的和下文实际案例进行对比，看看自己学到什么程度了。

图三十三

第一步是对图三十二中包含 K 线组进行包含处理，处理结果形成图三十三。

图三十四

第二步是对图三十三画分形，形成图三十四。

图三十五

第三步是对图三十四恢复原来的 K 线，形成顶底分形图

三十五，当然如果大家很熟悉包含关系处理，直接就能在原图画

出顶底分形，不需要分解过程，我是为了给大家讲解明白，用四步分解过程画出的顶底分形，后期大家熟练掌握了就可以直接画顶底分形。找分形是为了更好的分析股票以及为后面的画线章节打基础，所以大家一定要掌握。

●●●●●■ 小结

　　本节重点是包含关系学习，尤其是向上包含和向下包含的区别，更重要的是遇到包含数组时处理顺序很重要，这些都是为了让我们能正确的找出分形。因为分形是我们预测的基础，没有分形，我们就很难做到精准预测买卖点，而找对分形的基础就是包含关系的处理，所以包含关系的处理是基石，同时也是难点，尤其是初学者肯定有点懵，所以我们要自己动手，多去画线，然后和预测赢家软件上自动画的分形线对照，验证自己画的是否正确。

第四节 分形区间的压力支撑

一、分形区间压力和支撑定义

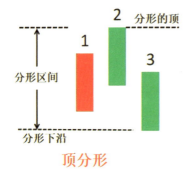

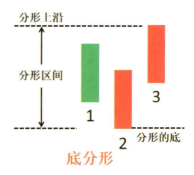

图三十六

分形下沿：顶分形中三根 K 线的最低点。

分形上沿：底分形中三根 K 线的最高点。

分形区间：顶分形的顶和其下沿之间的区间或底分形的底和其上沿之间的区间。

压力支撑：分形的上下沿对其后走势起到压力和支撑的作用。

图三十七

在图三十七中，底分形的区间上沿也就是画红线的位置，对后面的股价走势起到压力和支撑作用。

在图中1的位置，股价上涨到底分形的区间上沿受到压力，出现几天的下跌。

在图中2的位置，股价突破底分形的区间上沿受到支撑，出现几天的上涨。

在图中3的位置，股价跌破底分形的区间上沿受到压力，出现几天的下跌。

在图中4的位置，股价再一次上涨到底分形的区间上沿受到压力，出现连续几天的暴跌。

这样我们就可以在股价突破底分形区间上沿的时候选择加仓，在跌破区间上沿的时候选择减仓或清仓；在股价跌到底分形区间上沿受到支撑的时候选择加仓，在股价上涨到底分形区间上沿受到压力的时候选择清仓。

图三十八

在图三十八中，顶分形的区间下沿也就是画红线的位置，对后面的股价走势起到压力和支撑作用。

在图中 1 的位置，股价跌破顶分形区间下沿受到压力，出现几天的下跌。

在图中 2 的位置，股价反弹到顶分形区间下沿受到压力没有有效突破，出现连续几天的下跌。

在图中 3 的位置，股价同样反弹到顶分形区间下沿受到压力，出现一波暴跌行情。

这样我们就可以在股价突破顶分形区间下沿的时候选择加仓，在跌破区间下沿的时候选择减仓或清仓；在股价跌到顶分形区间下沿受到支撑的时候选择加仓，在股价反弹到顶分形区间下沿受到压力的时候选择清仓。

三、 分形的空间和时间实战应用

　　分形理论主要是讲解分形的空间压力、支撑和分形线的时间周期的对称与相似，应用在股市实战中，利用时间和空间共振，可以精准的把握买卖点。

图三十九

　　在图三十九中，在图中标记了三个顶底分形和两个 AB 点，从左到右，第一个底分形的上沿是第一条红线标记的压力和支撑位，第三个底分形的底刚好回调到第一个底分形的上沿位置受到支撑，同时从第三个顶分形到第三个底分形有 4 根分形线，第一个顶分形到第一个底分形和第二个顶分形到第二个底分形的分形线数量都是 3，根据分形线的相似性，这三组分形线是相似的，又由于误差最多是 1，所以第三个底分形的底所在的位置刚好是时间和空间共振的位置，是最佳的买入点，之后市场一定大涨。A 点 K 线也是刚好回调到第一个底分形的上沿位置受到支撑，所以之后股价也出现一波上涨。第二个底分形的上沿是第二条红线标记的压力和支撑位，B 点 K 线刚好回调到第二个底分形的上沿位置受到支撑，所以之后股价也出现一波上涨。

图四十

如图四十中，在图中标记了一个顶分形、一个底分形和一个 A 点，顶分形的下沿是一条红线标记的压力和支撑位，图中的股价多次触碰压力线，为什么在 A 点触碰以后引发了后期的暴跌呢？原因是 A 点的位置不仅仅是空间触碰到了压力位，在时间上，中轴线 Y 左右两侧的分形线数量刚好都是 1，A 点刚好是 Y 右侧的分形线，根据对称性，中轴线 Y 左右两侧的分形线数量应该是一样的，所以 A 点时间到位，空间也刚好在压力位上，所以 A 点之后出现了暴跌。

画线理论

第三章

在第一章左侧交易理论里面我们讲到了左侧交易空间预测模型的来源、计算原理和使用方法。左侧交易模型空间预测，主要是通过大数据和质能守恒定律计算股价涨了会涨到什么位置，跌了会跌到什么位置，从而形成了两点预测买入、三点预测买入、两点预测卖出、三点预测卖出。但是在实际选点预测的时候大家往往会遇到很多问题，比如不知道怎么选点，理论上任何两个高低点都可以预测买入卖出，但是为了预测精准，顶底之间最好有线段连线，这样预测精准度更高，这也是本章节存在的意义。画线理论就是讲解怎么画预测线，同时也是后期章节要讲到的怎么样画价值区间和左侧交易第二本书籍里面结构理论预测的基础。

第一节 预测线段定义

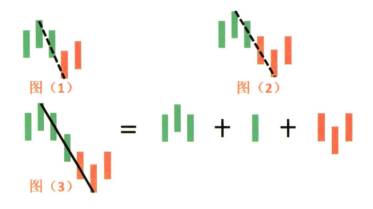

图（1）　　　　图（2）

图（3）

图一

预测线段：连接两个相邻的顶和底的线，顶和底之间至少有1根K线。

为了更好的讲解线段，后面的预测线段简称线段。

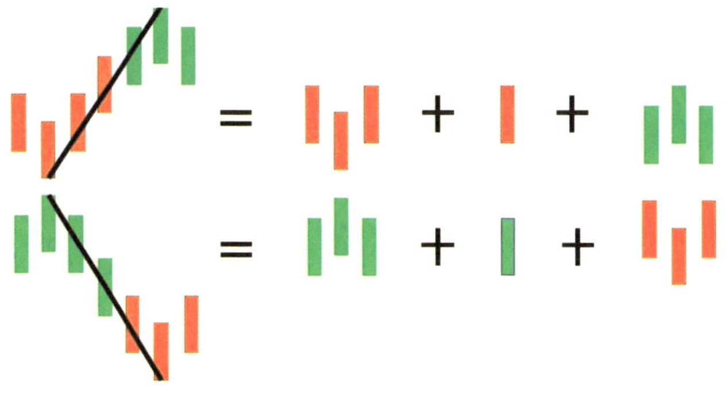

图二

115

第三章　画线理论

上升线段：底分形＋上升 K 线＋顶分形。

下降线段：顶分形＋下降 K 线＋底分形。

上升和下降 K 线不一定是 1 根，可以是无数根，实际走势中缺口有时也可以算上升或下降 K 线。

上升线段主要是用来预测未来股价回调到什么位置而画的线段，也叫两点预测买入线段。

下降线段主要是用来预测未来股价反弹到什么位置而画的线段，也叫两点预测卖出线段。

二、正确画线段实例子

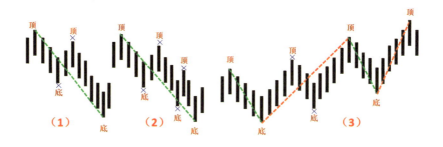

图三

在图三(1)中，一共有两个顶和两个底，正确的线段只有一条，那就是第一个顶到第二个底。因为第一个顶和第一个底之间没有 K 线，不满足画线段的条件，所以只能往下继续找第二个底。第一个顶和第二个底之间有多根 K 线，所以满足画线段条件。中间的第一个底和第二个顶是无效顶底，这条线段也叫下降线段，主要是用来预测未来股价反弹到什么位置而画的线段，也叫两点预测卖出线段。

在图三（2）中，一共有三个顶和三个底，正确的线段只有一条，那就是第一个顶到第三个底。因为第一个顶和第一个底之间没有K线，不满足画线段的条件，所以只能往下继续找第二个底。第一个顶和第二个底之间有多根K线，所以满足画线段条件。但是第二个底和第三个顶之间共用分形线，也不满足画线段的条件，所以只能往下继续找第三个底。第一个顶和第三个底之间有多根K线，所以满足画线段条件。中间的第一个底、第二个底和第一个顶、第二个顶是无效顶底，这条线段也叫下降线段，主要是用来预测未来股价反弹到什么位置而画的线段，也叫两点预测卖出线段。

在图三（3）中，一共有四个顶和三个底，正确的线段有四条，第一个顶到第一个底、第一个底到第三个顶、第三个顶到第三个底和第三个底到第四个顶。因为第一个顶和第一个底之间有一根K线，满足画线段的条件，第一条线段成立，这条线段也叫下降线段，主要是用来预测未来股价反弹到什么位置而画的线段，也叫两点预测卖出线段。第一个底和第二个顶之间有一根K线，满足画线段的条件，但是第二个顶和第二个底之间没有K线，不满足画线段的条件，所以只能继续往下找第三个顶和第三个底，第三个顶和第三个底之间有一根K线，所以满足画线段条件，中间的第二个底和第二个顶是无效顶底，第二条线段成立，这条线段也叫上升线段，主要是用来预测未来股价回调到什么位置而画的线段，也叫两点预测买入线段。第三个顶和第三个底之间有一根K线，满足画线段的条件，第三条线段成立，这条线段也叫下降线段，主要是用来预测未来股价反弹到什么位置而画的线段，也叫两点预测卖出线段。第三个底和第四个顶之间有两根 K 线，满足画线段的条件，第四条线段成立，这条线段也叫上升线段，主要是用来预测未来股价回调到什么位置而画的线段，也叫两点预测买入线段。

图四

在图四中画出线段，读者可以手动用铅笔画一下，画完以后和下面的答案作对比，看看自己学到什么程度了。

在图四中进行包含处理，画出如图五的分形，一共有 16 个顶和 16 个底。

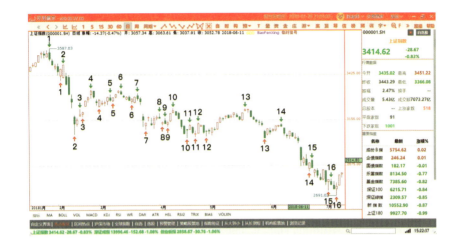

图五

图六

在图六中，顶 1 和底 1 之间有 1 根 K 线，所以顶 1 和底 1 之间可以画线段，但是底 1 和顶 2 共用分形线，所以不能画线段，此时只能在顶 1 和底 2 之间画线段了，中间的底 1 和顶 2 是无效顶底，这条线段也叫下降线段，主要是用来预测未来股价反弹到什么位置而画的线段，也叫两点预测卖出线段。

在图六中，底 2 和顶 3 之间共用分形线，所以底 2 和顶 3 之间不能画线段，但是底 2 和顶 4 之间有多根 K 线，所以可以画线段，此时只能在底 2 和顶 4 之间画线段了，中间的底 3 和顶 3 是无效顶底，这条线段也叫上升线段，主要是用来预测未来股价回调到什么位置而画的线段，也叫两点预测买入线段。

在图六中，顶 4 和底 4 之间没有 K 线，所以顶 4 和底 4 之间不能画线段，顶 4 和底 5 之间有多根 K 线，但是底 5 和顶 6 之间没有 K 线，所以顶 4 和底 5 之间不能画线段，同样顶 4 和底 6 之间有多根 K 线，但是底 6 和顶 7 之间共用分形线，所以顶 4 和底 6 之间不能画线段，此时只能在顶 4 和底 7 之间画线段了，中间的底 4、顶 5、底 5、顶 6、底 6 和顶 7 是无效顶底，这条线段也叫下降线段，主要是用来预测未来股价反弹到什么位置而画的线段，也叫两点预测卖出线段。

在图六中，底 7 和顶 8 之间有多根 K 线，所以底 7 和顶 8 之间可以画线段，但是顶 8 和底 8 之间共用分形线，所以不能画线段，此时底 7 和顶 8 之间画线段就不成立了，底 7 和顶 9 之间有多根 K 线，所以底 7 和顶 9 之间可以画线段，同样顶 9 和底 9 之间共用分形线，所以不能画线段，此时底 7 和顶 9 之间画线段也不成立，底 7 和顶 10 之间有多根 K 线，所以底 7 和顶 10 之间可以画线段，同时顶 10 和底 10 之间有多根 K 线，也可以画线段，此时底 7 和顶 10 之间画线段成立，中间的顶 8、底 8、顶 9 和底 9 是无效顶底，这条线段也叫上升线段，主要是用来预测未来股价回调到什么位置而画的线段，也叫两点预测买入线段。同样顶 10 和底 10 之间画线段也成立，这条线段也叫下降线段，主要是用来预测未来股价反弹到什么位置而画的线段，也叫两点预测卖出线段。

在图六中，底 10 和顶 11 之间共用分形线，所以底 10 和顶 11 之间不能画线段，底 10 和顶 12 是之间有多根 K 线，所以可以画线段，但是顶 12 和底 12 之间没有 K 线，所以顶 12 和底 12 之间不能画线段，底 10 和顶 12 之间所画线段也就不成立了，底 10 和顶 13 之间有多根 K 线，所以可以画线段，同时顶 13 和底 13 之间有多根 K 线，也可以画线段，此时底 10 和顶 13 之间画线段成立，中间的顶 11、底 11、顶 12 和底 12 是无效顶底，这条线段也叫上升线段，主要是用来预测未来股价回调到什么位置而画的线段，也叫两点预测买入线段。同样顶 13 和底 13 之间画线段也成立，这条线段也叫下降线段，主要是用来预测未来股价反弹到什么位置而画的线段，也叫两点预测卖出线段。

在图六中，底 13 和顶 14 之间有多根 K 线，所以可以画线段，这条线段也叫上升线段，主要是用来预测未来股价回调到什么位置而画的线段，也叫两点预测买入线段。

在图六中，顶 14 和底 14 之间有多根 K 线，所以顶 14 和底 14 之间可以画线段，底 14 和顶 15 之间共用分形线，所以底 14 和顶 15 之间不能画线段，此时顶 14 和底 14 之间画线段就不成立了，同样顶 14 和底 15 之间有多根 K 线，所以顶 14 和底 15 之间可以画线段，底 15 和顶 16 之间共用分形线，所以底 15 和顶 16 之间不能画线段，此时顶 14 和底 15 之间画线段也就不成立了，顶 14 和底 16 之间有多根 K 线，所以顶 14 和底 16 之间可以画线段，中间的底 14、顶 15、底 15 和顶 16 是无效顶底，这条线段也叫下降线段，主要是用来预测未来股价反弹到什么位置而画的线段，也叫两点预测卖出线段。

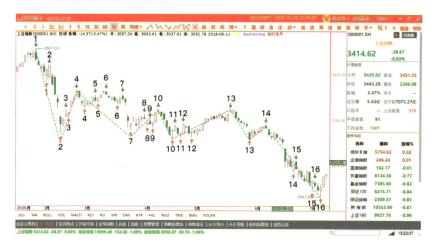

图七

在图七中，线段 A 是测反弹的，线段 B 是测回调的，线段 C 是测反弹的，线段 D 是测回调的，线段 E 是测反弹的，线段 F 是测回调的，线段 G 是测反弹的，线段 H 是测回调的，线段 I 是测反弹的，当然线段 C、D、E 也可以测下跌目标位置，也叫三点预测买入。线段 G、H、I 也可以测下跌目标位置，也叫三点预测买入。

四、线段实际粗略定义

上文介绍了画线的定义和案例，但是在实际走势中往往不是那么严格按照我们的定义走，所以我们接下来讲一下粗略画线的定义。在找分形的时候考虑包含关系，但是在画线的时候是不用考虑包含关系的，这样所有小的周期预测线基本也能画到，当然，要想预测更小的周期，那就可以在 60 分钟上画线，接下来我们以日线为例展开讲解。

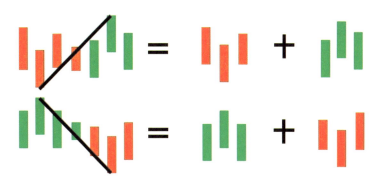

粗略连线：包含处理以后顶和底之间可以没有 K 线，包含处理前顶和底之间至少有一根 K 线，同时满足这两个条件才能形成线段。

第二节 预测线段实战案例

●·····● 小结

　　本节讲的预测线段的定义以及画法是我们后面章节股票买卖点预测实战的基础，所以虽然很简单，但是我们仍要认真学习，彻底掌握预测线段的定义、画法和特殊情况下的处理方式，为我们后面的学习打下扎实的基础。

一、画预测线的个股案例

图九

在图九中画出线段，这个图是比较复杂的走势图，包括了各种分形、各种包含关系和各种线段，如果大家都能画对，画线的内容大家基本就掌握了，读者可以手动用铅笔画一下，画完以后和下面的答案作对比，看看自己掌握了没有。

思考

为什么用这么复杂的案例让大家学习画线呢？

图十

在图九中进行包含处理，画出如图十的顶底分形，一共有32个顶和32个底。

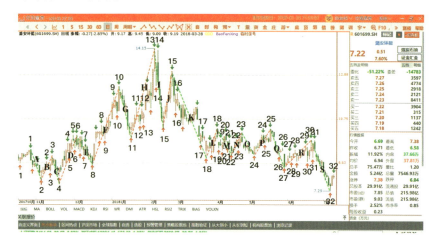

图十一

在图十一中，底1和顶1之间进行包含处理以后共用分形线，所以底1和顶1之间不可以画线段。

在图十一中，顶 1 和底 2 之间有多根 K 线且不共用分形线，所以顶 1 和底 2 之间可以画线段，这条线段也叫下降线段，主要是用来预测未来股价反弹到什么位置而画的线段，也叫两点预测卖出线段。

在图十一中，底 2 和顶 2 之间没有 K 线，所以不能画线段，底 2 和顶 3 之间有多根 K 线且不共用分形线，所以可以画线段，此时只能在底 2 和顶 3 之间画线段了，中间的顶 2 和底 3 是无效顶底，这条线段也叫上升线段，主要是用来预测未来股价回调到什么位置而画的线段，也叫两点预测买入线段。

在图十一中，顶 3 和底 4 之间有 1 根 K 线且不共用分形线，所以顶 3 和底 4 之间可以画线段，这条线段也叫下降线段，主要是用来预测未来股价反弹到什么位置而画的线段，也叫两点预测卖出线段。

在图十一中，底 4 和顶 4 之间有 2 根 K 线且不共用分形线，所以底 4 和顶 4 之间可以画线段，但是顶 4 和底 5 之间共用分形线，所以不能画线段，同样底 4 和顶 5 之间有多根 K 线且不共用分形线，但是顶 5 和底 6 之间共用分形线，所以底 4 和顶 5 之间不能画线段，此时只能在底 4 和顶 6 之间画线段了，中间的顶 4、底 5、顶 5 和底 6 是无效顶底，这条线段也叫上升线段，主要是用来预测未来股价回调到什么位置而画的线段，也叫两点预测买入线段。

在图十一中，顶 6 和底 7 之间共用分形线，所以顶 6 和底 7 之间不可以画线段，此时顶 6 和底 8 之间有多根 K 线且不共用分形线，所以顶 6 和底 8 之间可以画线段，此时只能在顶 6 和底 8 之间画线段了，中间的底 7、顶 7 是无效顶底，这条线段也叫下降线段，主要是用来预测未来股价反弹到什么位置而画的线段，也叫两点预测卖出线段。

在图十一中，底 8 和顶 8 之间有 2 根 K 线且不共用分形线，所以底 8 和顶 8 之间可以画线段，但是顶 8 和底 9 之间共用分形线，所以不能画线段，此时底 8 和顶 8 之间画线段就不成立了，底 8 和顶 9 之间有多根 K 线且不共用分形线，所以底 8 和顶 9 之间可以画线段，但是同样顶 9 和底 10 之间共用分形线，所以不能画线段，此时底 8 和顶 9 之间画线段也不成立，底 8 和顶 10 之间有多根 K 线且不共用分形线，所以底 8 和顶 10 之间可以画线段，同时顶 10 和底 11 之间有多根 K 线且不共用分形线，也可以画线段，此时底 8 和顶 10 之间画线段成立，中间的顶 8、底 9、顶 9 和底 10 是无效顶底，这条线段也叫上升线段，主要是用来预测未来股价回调到什么位置而画的线段，也叫两点预测买入线段。同样顶 10 和底 11 之间画线段也成立，这条线段也叫下降线段，主要是用来预测未来股价反弹到什么位置而画的线段，也叫两点预测卖出线段。

在图十一中，底 11 和顶 11 之间不共用分形线，但是它的之间没有多余的 K 线，所以底 11 和顶 11 之间不能画线段，顶 12 最高点小于顶 11 最高点，所以也不可以画线段，底 11 和顶 13 是之间有多根 K 线且不共用分形线，所以可以画线段，同时顶 13 和底 14 之间共用分形 K 线，所以不能画线段，但是顶 13 和底 15 之间有多根 K 线且不共用分形线，可以画线段，此时底 11 和顶 13 之间画线段成立，中间的顶 11、底 12、顶 12 和底 13 是无效顶底，这条线段也叫上升线段，主要是用来预测未来股价回调到什么位置而画的线段，也叫两点预测买入线段。同样顶13和底15之间画线段也成立，这条线段也叫下降线段，主要是用来预测未来股价反弹到什么位置而画的线段，也叫两点预测卖出线段。

在图十一中，底15和顶15之间有多根K线且不共用分形线，所以可以画线段，这条线段也叫上升线段，主要是用来预测未来股价回调到什么位置而画的线段，也叫两点预测买入线段。

在图十一中，接下来按照同样的方法可以画出顶15和底18线段、底18和顶18线段、顶18和底22线段、底22和顶23线段、顶23和底24线段、底24和顶25线段、顶25和底27线段、底27和顶30、顶30和底32线段，共9条线段。

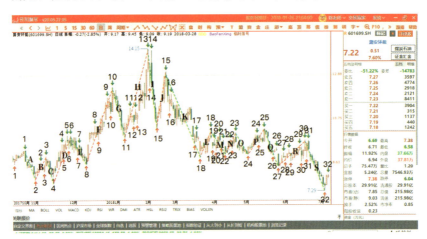

图十二

在图十二中，线段A是测反弹的，线段B是测回调的，线段C是测反弹的，线段D是测回调的，线段E是测反弹的，线段F是测回调的，线段G是测反弹的，线段H是测回调的，线段I是测反弹的，线段 J 是测回调的，线段 K 是测反弹的，线段 L 是测回调的，线段 M 是测反弹的，线段 N 是测回调的，线段 O 是测反弹的，线段 P 是测回调的，线段 Q 是测反弹的，线段 R 是测回调的，线段 S 是测反弹的。当然线段 B、C、D 也可以测上涨目标位置，也叫三点预测卖出；线段 D、E、F 也可以测上涨目标位置，也叫三点预测卖出；线段 F、G、H 也可以测上涨目标位置，也叫三点预测卖出；线段 I、J、K 也可以测下跌目标位置，也叫三点预测买入；线段 Q、R、S 也可以测下跌目标位置，也叫三点预测买入。

图十三

在图十三中，我们给出了在实际炒股中画两点预测线的实际预测走势图。

在上涨的走势中我们一般持股为主，逢低吸纳，因此一般在上涨走势中我们常用的两点预测回调买入，所以线段 B、D、F、H 画的都是两点预测买入线段，都是回调到 C2 或 C3 股价就止跌上涨了。

在下跌的走势中我们一般持币为主，逢高卖出，因此一般是在下跌走势中我们常用的两点预测反弹卖出，所以线段 A、K、M、O、Q 画的都是两点预测卖出线段，都是反弹到 C2 或 C3 股价就滞涨下跌了。

当然有的时候股价会跌破 C3 或突破 C3，那个时候，等股价再回到 C3 的时候再买入或卖出，也有时候反弹变成反转，此时用三点预测卖出，也有时候回调变成跌破反转，此时用三点预测买入。

图十四

在图十四中，我们给出了在实际炒股中画三点预测线的实际预测走势图。

在上涨的走势中卖出，我们一般是在上涨两个波段以后计算卖出价格，所以我们一般用三点预测卖出，因此线段 BCD、DEF 画的都是三点预测卖出线段，都是上涨到 D1、D2 或 D3 股价就滞涨回调了。

在下跌的走势中买入，我们一般是在下跌两个波段以后计算买入价格，所以我们一般用三点预测买入，因此线段 IJK 画的是三点预测买入线段，都是下跌到 D1、D2 或 D3 股价就止跌反弹了。

图十五

在图十五中，三点预测卖出，一般都是两点反弹突破目标位置 C3 并创出了前期的新高，此时用三点预测卖出计算卖出价格。例如线段 E 测两点反弹，股价在 C3 位置 10.23 突破了，而且股价创出了线段 D 的新高，此时就要改为用线段 DEF 三点预测未来的目标位置 D1、D2、D3 了。

在图十五中，三点预测买入，一般都是两点回调跌破目标位置 C3 并创出了前期的新低，此时用三点预测买入计算买入价格。例如线段 J 测两点回调，股价在 C3 位置 11.88 跌破了，且股价创出了线段 I 的新低，此时就要改为用线段 IJK 三点预测未来的目标位置 D1、D2、D3 了。

第三章　画线理论

图十六

在图十六中画出线段，有些地方比较特殊，大家如果能画对线段，画线的内容大家完全就掌握了，读者可以手动用铅笔画一下，画完以后和下面的答案作对比，看看自己掌握了没有。

图十七

在图十六中进行包含处理，画出如图十七的顶底分形，一共有 20 个顶和 19 个底。

图十八

在图十八中，顶1和底1之间有多根K线且不共用分形线，所以顶1和底1之间可以画线段，这条线段也叫下降线段，主要是用来预测未来股价反弹到什么位置而画的线段，也叫两点预测卖出线段。

在图十八中，底1和顶2之间共用分形线，所以顶1和底2之间不可以画线段，底1和顶3之间有多根K线且不共用分形线，所以底1和顶3之间可以画线段，但是顶3和底3之间共用分形线，所以顶3和底3之间不可以画线段，因此底1和顶3之间画线段也不成立，而底1和顶4之间有多根K线且不共用分形线，所以底1和顶4之间可以画线段，虽然顶4和底4之间共用分形线，顶4和底4之间不可以画线段，但是顶4和底6之间有多根K线且不共用分形线，所以顶4和底6之间画线成立，此时底1和顶4之间画线段也就成立了，这条线段也叫上升线段，主要是用来预测未来股价回调到什么位置而画的线段，也叫两点预测买入线段。顶 4 和底 6 之间这条线段也叫下降线段，主要是用来预测未来股价反弹到什么位置而画的线段，也叫两点预测卖出线段。

在图十八中，底 6 和顶 7 之间有多根 K 线且不共用分形线，所以底 6 和顶 7 之间可以画线段，这条线段也叫上升线段，主要是用来预测未来股价回调到什么位置而画的线段，也叫两点预测买入线段。

在图十八中，顶 7 和底 8 之间有多根 K 线且不共用分形线，所以可以画线段，底 8 和顶 9 之间共用分形线，不可以画线段，因此顶 7 和底 8 之间画线段也就不成立了；同样顶 7 和底 9 之间有多根 K 线且不共用分形线，所以可以画线段，底 9 和顶 10 之间共用分形线，不可以画线段，因此顶 7 和底 9 之间画线段也就不成立了；同样顶 7 和底 10 之间有多根 K 线且不共用分形线，所以可以画线段，底 10 和顶 11 之间共用分形线，不可以画线段，因此顶 7 和底 10 之间画线段也就不成立了；同样顶 7 和底 9 之间有多根 K 线且不共用分形线，所以可以画线段，底 9 和顶 10 之间共用分形线，不可以画线段，因此顶 7 和底 9 之间画线段也就不成立了；同样顶 7 和底 11 之间有多根 K 线且不共用分形线，所以可以画线段，底 11 和顶 12 之间共用分形线，不可以画线段，因此顶 7 和底 11 之间画线段也就不成立了；同样顶 7 和底 12 之间有多根 K 线且不共用分形线，所以可以画线段，底 12 和顶 13 之间共用分形线，不可以画线段，因此顶 7 和底 12 之间画线段也就不成立了；因为底 12 最低点小于底 13 最低点，所以顶 7 和底 12 之间画线段虽然不成立，但暂时不变，直到底 12 和顶 14 之间有多根 K 线且不共用分形线，可以画线段，此时顶 7 和底

12之间画线段才确认成立,顶7和底12之间画的线段叫下降线段,主要是用来预测未来股价反弹到什么位置而画的线段，也叫两点预测卖出线段；底12和顶14之间画的线段叫上升线段，主要是用来预测未来股价回调到什么位置而画的线段，也叫两点预测买入线段。

在图十八中，顶14和底14之间有多根K线且不共用分形线，所以顶14和底14之间可以画线段，这条线段也叫下降线段，主要是用来预测未来股价反弹到什么位置而画的线段，也叫两点预测卖出线段。

在图十八中，底14和顶15之间没有多余K线，所以底14和顶15之间不可以画线段；底14和顶16之间有多根K线且不共用分形线，所以底14和顶16之间可以画线段；顶16和底16之间有1根K线且不共用分形线，所以也可以画线段，因此底14和顶16画线成立，这条线段也叫上升线段，主要是用来预测未来股价回调到什么位置而画的线段，也叫两点预测买入线段。

在图十八中，由于底16和顶17之间有多根K线且不共用分形线，所以底16和顶17之间可以画线段，那么顶16和底16之间画线段也就成立了，这条线段也叫下降线段，主要是用来预测未来股价反弹到什么位置而画的线段，也叫两点预测卖出线段。

在图十八中，底16和顶17之间虽然可以画线段，但是顶17和底17之间共用分形线，所以顶17和底17之间不可以画线段，此时底16和顶17之间画线段也就不成立了；底16和顶18之间有多根K线且不共用分形线，所以底16和顶18之间可以画线段，又因为顶18和底18之间共用分形线所以之间不能画线，此时底

16 和顶 18 之间画线段也暂时不成立，直到顶 18 和底 19 之间有多根 K 线且不共用分形线可以画线段，才决定底 16 和顶 18 之间画线段成立，这条线段也叫上升线段，主要是用来预测未来股价回调到什么位置而画的线段，也叫两点预测买入线段。

在图十八中，因为底 19 和顶 20 共用分形线，所以不可以画线段，虽然顶 18 和底 19 之间有多根 K 线且不共用分形线，它们之间可以画线段，但不能被确立画出来。

图十九

在图十九中，线段 A 是测反弹的，线段 B 是测回调的，线段 C 是测反弹的，线段 D 是测回调的，线段 E 是测反弹的，线段 F 是测回调的，线段 G 是测反弹的，线段 H 是测回调的，线段 I 是测反弹的，线段 J 是测回调的。当然线段 B、C、D 也可以测上涨目标位置，也叫三点预测卖出；线段 E、F、G 也可以测下跌目标位置，也叫三点预测买入；线段 H、I、J 也可以测上涨目标位置，也叫三点预测卖出。

图二十

在图二十中，我们给出了在实际炒股中画三点预测线的实际
预测走势图。

在上涨的走势中卖出，我们一般是在上涨两个波段以后计算
卖出价格，所以我们一般用三点预测卖出，因此线段 BCD、HIJ
画的都是三点预测卖出线段，都是上涨到 D1、D2 或 D3 附近股
价就滞涨回调了。

在下跌的走势中买入，我们一般是在下跌两个波段以后计算
买入价格，所以我们一般用三点预测买入，因此线段 EFGA 画的
是三点预测买入线段，都是下跌到 D1、D2 或 D3 股价就止跌反
弹了。

在实际的走势中我们画的线段往往和我们画预测线是有出入
的，我在实际画预测线的时候要修正，例如线段 BCD，由于线段
B 和 D 是两波连续上涨，C 是连接这两拨的回调线段，但是线段
C 的最低点底 6 没有底 4 最低点低。因为我们在做预测的时候要

137

用到两波连续上涨之间的最低点进行模型预测计算，所以我们在实际预测的时候要把线段 C 修正到 C'；同理在下跌的时候预测三点买时，我们在做预测的时候要用到两波连续下跌之间的最高点进行模型预测计算的，因为顶 13 比顶 14 最高点高，所以我们在实际预测的时候要把线段 F 修正到 F'。

不过大家要记住，我们在后面的章节中用到的价值区间，是不需要修正线段的。

二、预测线段画法的优化

图二十一

连接两个上涨线段的下跌线段，要取它所在的区间最低点作为线段的低点。

连接两个下跌线段的上涨线段，要取它所在的区间最高点作为线段的低点。

在图二十一中，进行包含处理以后画出分形，按照粗略画线规则画出线段，但是线段 C 上的底 6 最低价大于底 4 的最低价，由于我们在做三点预测的时候用的都是最低价，所以我们要用 BC'D' 三点预测计算卖出价格，此时用 C' 代替 C，用 D' 代替 D；同样线段 F 上的顶 14 最高价小于顶 13 的最高价，由于我们在做三点预测的时候用的都是最高价，所以我们要用 EF'G' 三点预测计算买入价格，此时用 F' 代替 F，用 G' 代替 G。图二十二是实际的预测画线计算目标位置的预测走势图。上文已经详细讲过了，接下来就简单的说明一下。

图二十二

在实际的股票操作中，要想买卖交易周期更短，波段更频繁，就可以在 60 分钟、30 分钟、15 分钟、5 分钟、1 分钟上画预测线来计算买卖目标位置，当然也可以在 60 分钟上画出线段，再递归到日线相应的位置画出预测线段，结果也是一样，这些内容在后面的章节都会讲，接下来要讲的是左侧交易大数据预测的核心——价值区间。

小结

本节重点讲解了各种预测模型预测线的画法，以及一些待殊情况的优化处理方法，并且还列举了大量的案例和实际走势的画线，每个案例都把每步画线的（详细）依据以及画线的原因进行了详细的阐述，目的就是让大家能在后面的章节中，尤其是价值区间的学习中，更加容易的找出价值区间，因为价值区间是左侧交易股市宇论的核心，没有价值区间，很多左侧交易的买卖点就很难把握，所以大家要把本节的内容熟练掌握，为后面价值区间的学习打下基础。

区间理论

第四章

在股市投资中，有人崇尚价值投资，有人崇尚技术投资，但是不论是什么投资，其本质就是价格和价值的匹配。比如价值投资大师巴菲特，崇尚价值投资，喜欢通过财务报表计算该股票的实际价值，然后再和当前价格进行对比，如果当前价格远远低于计算出来的股价价值，说明该股票被市场严重低估，此时是他选择入场的机会；如果当前价格远远高于计算出来的股价价值，说明该股票被市场严重高估，此时是他选择离场的时机。

　　在十几年的投资者教育生涯中，在成百上千场股票投资峰会分享中，经常有人问我，"陈老师，我们中国目前不适合价值投资，股市大起大落这种波动太频繁，不像美国几十年都是单边上涨的牛市，所以中国不会产生巴菲特，中国也不适合价值投资，因此我们研究股票的价值是错误的"。其实，在技术分析中，我们不管用什么方法去分析股票走势，基本上也是围绕当前价格和均价线，当前价格和成本线，当前价格和趋势线，当前价格和筹码平均成本展开的，不管是用什么技术分析方法，其本质就是用当前价格和目前市场大多数人共同认可的股票成本价格进行比较，从而决定买入或卖出。

例如支撑位，为什么这个价格位置会有支撑？因为很多人在这个位置买的股票，这个位置的价格是大多数人认为的低点，也就是大多数投资者认为这只股票的价值所在的价格位置，如果股价跌到这个位置，大家就会认为这只股票价值值这个价格，会继续买入，所以这个位置很难跌破，有很强的支撑作用。其实，这个多数人认为的支撑位置，就是技术分析的价值位置。我们也同样会用当前价格和这个技术分析的价值位置进行比较，如果当前价格远远低于该技术分析的价值位置，说明该股票被市场严重低估，此时是我们选择入场的机会；如果当前价格远远高于该技术分析的价值位置，说明该股票被市场严重高估，此时是我们选择离场的时机。只是大多数人判断技术分析的价值位置不一样，所以交易的结果也不一样。价值位置找对了可能一年几倍或几十倍的收益，找错了那就是几倍或几十倍的亏损，但是股市中往往99%的人找的都是错的，笔者经过多年的研究，发现价值区间是目前技术分析中找技术价值位置最有效的方法，也是能让收益一年翻几倍的方法。

第一节 股市的合力定律

一、股市的合力定律

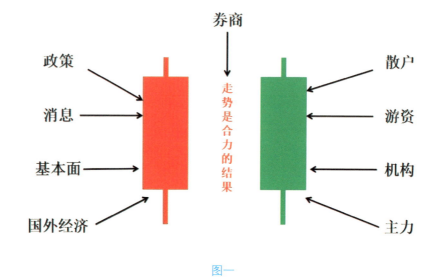

图一

宇论定理一：股市的走势是合力的结果。

　　股市某一只股票一天的走势，是各方资金力量综合作用形成的。如图一，政策、消息、基本面、国外经济、券商这些因素每天都不一样，散户、游资、机构、主力通过对这些因素不同的解读，从而产生对股市当天走势的不同认知，决定了他们手里资金是流入股市还是流出股市。每个机构或个人对股市的认知都不一样，由于资金的流入和流出都会给股市产生力的作用，把这些力综合起来就形成了当天作用于某只股票的合力，合力决定了股票的最终走势。

一只股票收阴还是收阳，是由各方力量对这只股票综合作用的结果。此时聪明的读者就会问了，知道合力定理对我们散户投资者炒股进行买卖交易的时候有什么实质的指导作用呢？当然，单纯一根K线对于我们投资者是没有实质性的买卖交易指导作用的。但是我们如果知道一个震荡区间内，各方力量对他的合力，就对我们炒股买卖交易有指导价值了。接下来先看一下价值区间的定义。

思考

什么样的走势对我们股票买卖有实质的指导作用？

小结

本节重点讲解了股市的合力定律，虽然看上去很简单，但是在实际的应用中就显的不是那么容易理解了。其实质就是在多空双方激励争斗的时候，找出大家都认可的市场价格。都认可的价格区间就是目前该股票的价值区间，所以才会在这个区间里大量的达成一致交易，本节内容虽然不多，但是理解起来比较难，希望大家好好研究，深入思考。

第二节 价值区间

一、价值区间的定义

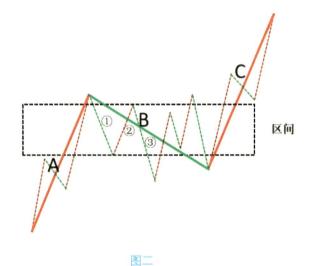

图二

价值区间：在主级别走势中，它相反方向最开始的连续三次次级别形成的重合部分。

在图二中，ABC两波上涨和一波回调形成了主级别上涨走势，主级别A的上涨是由两波次级别上涨形成的，主级别C的上涨也是由两波次级别上涨形成的，主级别B的回调是由四波次级别下跌形成的。那么根据价值区间的定义，主级别相反方向就是B，B最开始的连续三次次级别就是①②③，而①②③重合的部分就形成了价值区间。价值区间就是散户、游资、机构、主力通过对政策、消息、基本面、国外经济等各种消息的不同理解而做出不同资金量的买入或卖出，从而在这个区间里形成的综合合力的走势，这个合力区间就是大家公认的技术价值区间，也就是类似于基本面的价值区域。如果股价在这个价值区间下方，我们就认为这只股票被严重低估了，此时股价就会出现上涨，如果股价在这个价值区间上方，我们就认为这只股票被严重高估了，此时股价就会出现下跌。

这个价值区间远远要比通过基本面和财务报表算出来的价值区域更有效，更实用。因为在中国目前市场中，业绩好行业好的股票很多，可是投资者都不认可，不去购买，股价就是不涨。而我们通过技术上的价值区间就能很好的找到目前大多数投资者，无论是机构、游资，还是散户都比较认可的价值区域，所以大家都集中在那个区域进行交易，因此这个区域就是大家公认的价值区。这个价值区间就是各方势力争夺的核心要塞，只要找到了价值区间就找到了买卖依据，这些我们会在后面的章节中详细讲解的，，目前我们最重要的就是先学会找价值区间。

图三

在图三中画出价值区间，读者可以手动用铅笔画一下，画完以后和下面的答案作对比，看看自己学到什么程度了。

图四

在图三的基础上找出顶底分形，如图四，找顶底分形前面的章节讲过，我就不再讲怎么找顶底分形了。

图五

在图四的基础上画出线段，如图五，画线在前面的章节讲过，我就不再讲怎么画线了。

图六

在图五的基础上画出价值区间，如图六，由于主级别的结构是向上的，所以价值区间的画法是找相反方向首次次级别的前三波走势的重合部分。

在图六中，线段 BCD 是主级别相反方向最开始的三波走势，我们取它们重合的部分画出区间 1，然后做右侧的延长区间，线段 EFG 一直围绕区间波动，当线段 G 离开区间 1，出现线段 H 的回调下跌没有进入区间 1，说明区间 1 走势结束了，股价继续往后走就会形成第二个区间，此时线段 HIJ 是第二波主级别相反方向最开始的三波走势，我们取它们重合的部分画出区间 2，当线段 K 离开区间 2，出现线段 L 的回调下跌没有进入区间 2，说明区间 2 走势结束了，股价继续往后走就会形成第三个区间，此时线段 LMN 是第三波主级别相反方向最开始的三波走势，我们取它们重合的部分画出区间 3。

在价值区间中，我们会发现股价会延着价值区间震荡，我们可以做高抛低吸，具体怎么高抛低吸，在后面的章节我们会细讲。

二、价值区间的分类

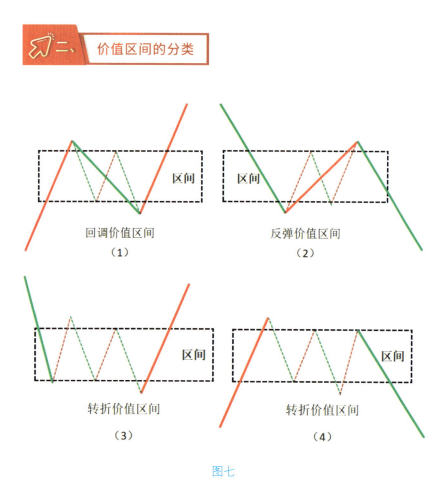

回调价值区间
（1）

反弹价值区间
（2）

转折价值区间
（3）

转折价值区间
（4）

图七

价值区间分为：回调价值区间、反弹价值区间、转折价值区间。

回调价值区间：在图七（1）中，主级别是上涨的，在回调的时候次级别首次三次重合的部分形成的区间就叫回调价值区间。

反弹价值区间：在图七（2）中，主级别是下跌的，在反弹的时候次级别首次三次重合的部分形成的区间就叫反弹价值区间。

转折价值区间：在图七（3）中，主级别一开始是下跌的，在反弹的时候次级别首次三次重合的部分形成价值区间，之后突破区间主级别开始上涨，此时的价值区间叫转折价值区间，也叫底部价值区间。

转折价值区间：在图七（4）中，主级别一开始是上涨的，在回调的时候次级别首次三次重合的部分形成价值区间，之后跌破区间主级别开始下跌了，此时的价值区间叫转折价值区间，也叫顶部价值区间。

图八

在图八中画出价值区间，并且标出都是什么类型的价值区间，画完以后和下文中的答案作对比，看看自己学到什么程度了。

图九

在图八的基础上找出顶底分形,如图九,找顶底分形在前面
的章节讲过,我就不再讲怎么找顶底分形了。

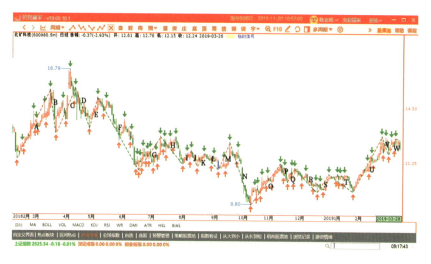

图十

在图九的基础上画出线段,如图十,画线在前面的章节讲过,
我就不再讲怎么画线了。

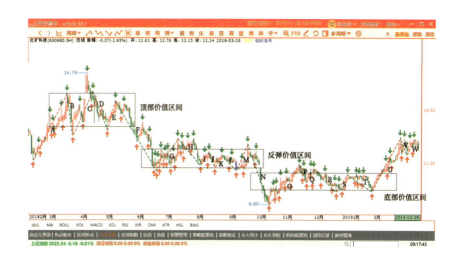

在图十一中，线段 BCD 是主级别相反方向最开始三波的走势，我们取它们重合的部分画出区间，因为此时主级别是上升趋势，我们是在回调的时候画出的区间，之后主级别方向发生改变，变成下降趋势了，所以此区间叫顶部价值区间；线段 GHI 是主级别相反方向最开始三波的走势，我们取它们重合的部分画出区间，因为此时主级别是下降趋势，我们是在反弹的时候画出的区间，所以此区间叫反弹价值区间；线段 OPQ 是主级别相反方向最开始三波的走势，我们取它们重合的部分画出区间，因为此时主级别是下降趋势，我们是在反弹的时候画出的区间，之后主级别方向发生改变，变成上升趋势了，所以此区间叫底部价值区间。

思考

顶部价值区间和反弹价值区间的区别是什么?

153

第四章 区间理论

图十二

在图十二中画出价值区间，并且标出都是什么类型的价值区间，画完以后和下文中的答案作对比，看看自己学到什么程度了。

图十三

在图十二的基础上找出顶底分形，如图十三，找顶底分形在前面的章节讲过，我就不再讲怎么找顶底分形了。

图十四

　　在图十三的基础上画出线段，如图十四，画线在前面的章节讲过，我就不再讲怎么画线了。

图十五

　　在图十五中，线段 BCD 是主级别相反方向最开始的三波走势，我们取它们重合的部分画出区间，因为此时主级别是下降趋势，我们是在反弹的时候画出的区间，之后主级别方向发生改变，变成上升趋势了，所以此区间叫底部价值区间；线段 GHI 是主级别相反方向最开始的三波走势，我们取它们重合的部分画出区间，因为此时主级别是上升趋势，我们是在回调的时候画出的区间，所以此区间叫回调价值区间。

小结

本节重点讲解了价值区间的定义和分类，因为不同的价值区间的交易策略不一样，因此我们要重点区分各个类型的价值区间在不同的类型中的定义，以及它们的操作策略，因此请读者认真学习本节内容，为下面的章节学习打下扎实的基础。

第三节 走势和趋势

一、走势的定义

1.走势：每天股票涨涨跌跌的走势图就是走势。

在图十五和十六中，不管是日线图还是分时图，只要是股票涨涨跌跌的图形都叫走势，这个其实很好理解，当然，周线、月线、季线、年线走势的图形都可以叫走势。

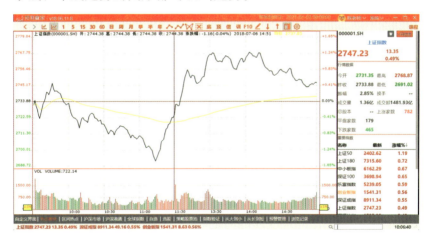

图十五

157

第四章 区间理论

图十六

2. 走势分为不同的级别。

走势按照周期划分，可以划分为：1分钟级别走势、5分钟级别走势、15分钟级别走势、30分钟级别走势、60分钟级别走势、日线级别走势、月线级别走势等等，如下图。

图十七

图十八

图十九

走势分为不同的级别，按照周期划分，如图十七、十八、十九，在1分钟周期图形成的走势叫1分钟级别走势图；在5分

钟周期图形成的走势叫 5 分钟级别走势图；在 15 分钟周期图形成的走势叫 15 分钟级别走势图；在 30 分钟周期图形成的走势叫 30 分钟级别走势图；在 60 分钟周期图形成的走势叫 60 分钟级别走势图；在日线周期图形成的走势叫日线级别走势图。

在每个周期级别上又分为主级别和次级别。

在这里很多的读者有可能有点懵了，为什么级别按周期分类完了以后，每个周期还要分主次级别呢？这对我们股票实际操作有什么用呢？周期级别主要是决定大家做短线还是做长线，还是超短或中线，例如我们在 15 分钟或 30 分钟级别做股票分析买卖决策那就是超短线了，日线级别那就是中短线，周线级别那就是中长线了。如果我们要在日线级别上操作，在做买卖决策的时候，为了买卖交易更加精准，我们左侧交易体系一般都要看它的次级别，也就是更小的周期进行买卖决策，当然日线的次级别更小的周期不一定是 60 分钟，也有可能是 30 分钟，这在后面我们讲结构、递归的时候，会详细讲解的。如下图二十。

图二十

在图二十中，我们在日线分析的时候，达到了买入条件，但是为了更加的精准，我们要看一下它的次级别有没有到达目标位置，如果次级别也达到了我们的买入条件，就可以果断买入了，当然日线的次级别不一定是60分钟线，在图二十中是30分钟，为什么是30分钟，

日线的主级别是多少分钟线?

我们会在后面的章节详细讲解。

图二十一

在图二十一中，我们在30分钟分析的时候，达到了买入条件，但是为了更加的精准，我们要看一下它的次级别有没有到达目标位置，如果次级别也达到了我们的买入条件，就可以果断买入了，

当然 30 分钟的次级别不一定是 15 分钟线，在图二十一中是 5 分钟，为什么是 5 分钟，我们会在后面的章节详细讲解。目前大家主要是先把周期级别和主次级别搞清楚。

二、趋势和横盘

　　走势：又分为趋势和横盘。

　　趋势：至少有两个连续的价值区间和连续的两波上涨或下跌组成的走势。

　　横盘：只有一个价值区间的走势。

　　趋势又分：上升趋势和下降趋势。

　　上升趋势：至少有连续两波或两波以上上涨。

　　下降趋势：至少有连续两波或两波以上下跌。

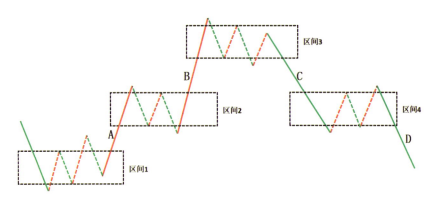

图二十二

　　在图二十二中，区间 1 和区间 2 是两个连续的价值区间，上涨波段 A 和上涨波段 B 是两个连续的上涨波段，由区间 1 和区间

2 以及上涨波段 A 和上涨波段 B 形成了上升趋势的走势。区间 3 和区间 4 是两个连续的价值区间，下跌波段 C 和下跌波段 D 是两个连续的下跌波段，由区间 3 和区间 4 以及上涨波段 C 和上涨波段 D 形成了下降趋势的走势。

在图二十二中，股价延着区间 1 不断的振荡就形成了横盘走势，而且这个横盘走势只有一个价值区间 1。同样股价延着区间 2 不断的振荡形成横盘走势，股价延着区间 3 不断的振荡形成横盘走势，股价延着区间 4 不断的振荡形成横盘走势。

图二十三

在图二十三中找出趋势和横盘，并说明趋势是上升趋势还是下降趋势，横盘是在什么价值区间形成的横盘，读者一定要亲自动手，用铅笔画一下，之后再和下文画的结果进行比较，看看自己问题出在哪里，自己有没有真正的掌握。

图二十四

在图二十三的基础上找出顶底分形，如图二十四，找顶底分形在前面的章节讲过，我就不再讲怎么找顶底分形了。

图二十五

在图二十四的基础上画出线段，如图二十五，画线在前面的章节讲过，我就不再讲怎么画线了。

图二十六

在图二十五的基础上画出价值区间，如何画价值区间在前面的章节讲过，我就不再讲怎么画线了。如图二十六，区间1是顶部转折价值区间，区间2是反弹价值区间，区间3是底部转折价值区间。区间1和区间2以及下跌波段A和下跌波段B一起形成了下降趋势。

股价围绕区间1震荡形成顶部反转横盘，股价围绕区间2震荡形成反弹横盘，股价围绕区间3震荡形成底部反转横盘。

思考

不同类型的价值区间在我们买卖交易的时候有什么不同？

图二十七

在图二十七中找出趋势和横盘，并说明趋势是上升趋势还是下降趋势，横盘是在什么价值区间形成的横盘，读者一定要亲自动手，用铅笔画一下，之后再和下文画的结果进行比较，看看自己问题出在哪里，自己有没有真正的掌握。

图二十八

在图二十七的基础上找出顶底分形，如图二十八，找顶底分形在前面的章节讲过，我就不再讲怎么找顶底分形了。

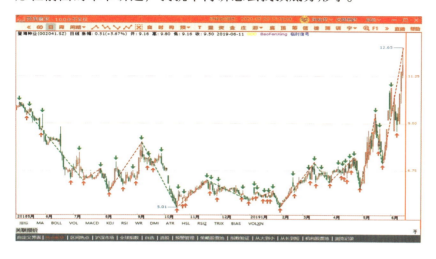

图二十九

在图二十八的基础上画出线段，如图二十九，画线在前面的章节讲过，我就不再讲怎么画线了。

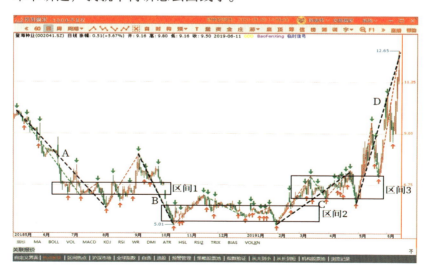

图三十

在图二十九的基础上画出价值区间，如何画价值区间在前面的章节讲过，我就不再讲怎么画线了。如图三十，区间 1 是反弹价值区间，区间 2 是底部转折价值区间，区间 3 是回调价值区间。区间 1 和区间 2 以及下跌波段 A 和下跌波段 B 一起形成了下降趋势。区间 2 和区间 3 以及上涨波段 C 和上涨波段 D 一起形成了上升趋势。股价围绕区间 1 震荡形成反弹横盘，股价围绕区间 2 震荡形成底部转折横盘，股价围绕区间 3 震荡形成回调横盘。

● ● ● ● 小结

本节重点讲解了走势、趋势、横盘和价值区间的区别，尤其是由价值区间定义趋势、定义横盘，目的是为我们下节精准的画预测线做铺垫，尤其是不同走势的主次级别的定义和实战应用，这是核心。这部分内容在左侧交易第二册中会细讲，我建议读者提前学习一下，有助于我们更好的学习理解本节内容。

第四节 价值区间在预测中的应用

一、利用价值区间怎么取点画线

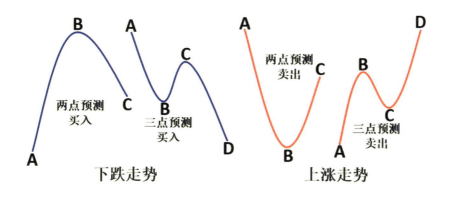

图三十一

在第一章中我们讲到了左侧预测交易模型，两种预测买入模型、两种预测卖出模型，也就是两点预测买入、三点预测买入、两点预测卖出、三点预测卖出。有了预测模型，我们通过大数据计算很容易，关键是我们怎么画线，怎么找点，然后计算出来才是最精准的那个结果。这就是我们接下来要讲的重点：通过价值区间取点和画预测线。

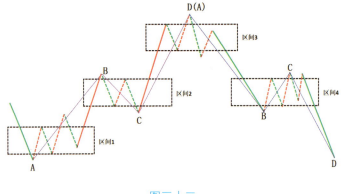

图三十二

1. 预测买入取点画线方法

如图三十二,我们在画预测线两点买入的时候,要取价值区间 1 中的最低点 A 和价值区间 2 中的最高点 B,来预测计算未来股价回调的目标位置 C;在画预测线三点买入的时候,我们同样要取价值区间 3 中的最高点作为点 A,价值区间 4 中的最低点作为点 B 以及价值区间 4 中最低点 B 的后面的最高点作为 C 点来预测计算未来股价下跌的目标位置 D。

2. 预测卖出取点画线方法

如图三十二,我们在画预测线两点卖出的时候,要取价值区间 3 中的最高点作为 A 点和价值区间 4 中的最低点作为 B 点,来预测计算未来股价反弹的目标位置 C;在画预测线三点卖出的时候,我们同样要取价值区间 1 中的最低点作为点 A,价值区间 2 中的最高点作为 B 点以及价值区间 2 中最高点 B 的后面的最低点作为 C 点来预测计算未来股价上涨的目标位置 D。

图三十三

在图三十三中画出精准的预测线，请广大读者一定要亲自动手，用铅笔画一下，之后再和下文画的结果进行比较，看看自己有没有掌握。

图三十四

在图三十三的基础上找出顶底分形，如图三十四。

图三十五

在图三十四的基础上画出线段，如图三十五。

图三十六

在图三十五的基础上画出区间，如图三十六。

图三十六

如图三十六，我们取区间1中的最高点作为A点，取区间2中的最低点作为B点，取区间2中B点之后的最高点作为C点，画三点买入预测线，预测的目标位置D3：2695.39点和实际的点位2691.02只差4个点。

图三十七

　　在图三十七中，怎么才能精准的画出预测线，大家动手画一下买入和卖出预测线，然后和下面笔者画好的进行比较和学习以便快速的掌握。

图三十八

1. 三点买入预测：

　　如图三十八，我直接画出区间，分形和画线就不直接画出来了，因为我们学了这么久应该具有直接画区间的能力了。价值区间1、价值区间2、价值区间3都是在下降趋势中形成的，所以我们做的都是三点买入预测。我们取区间1中的最低点右侧的最高点作为A点，取区间2中的最低点作为B点，取区间2中B点之后的最高点作为C点，画三点买入预测线，预测的目标位置D3：4.29点和实际的点位4.27只差2分钱。我们取区间2中的最低点右侧的最高点作为A点，取区间3中的最低点作为B点，取区间3中B点之后的最高点作为C点，画三点买入预测线，预测的目标位置 D1：3.8 点和实际的点位 3.7 只差 1 毛钱。多么精准的预测呀，按照这种方法任何一支股票几乎每次都能买到最低点。

2. 两点卖出预测：

如图三十九，价值区间 1、价值区间 2、价值区间 3 都是在下降趋势中形成的，所以我们做的都是两点卖出预测。我们取区间 1 之上的最高点作为 A 点，取区间 1 中的最低点作为 B 点，画两点卖出预测线，市场连续两次反弹到预测的目标位置 C2：7.71 附近没有有效突破，后期出现了急速下跌。我们取区间 1 中的最低点右侧的最高点作为 A 点，取区间 2 中的最低点作为 B 点，画两点卖出预测线，市场连续三次反弹到预测的目标位置 C2：6.64 附近没有有效突破，后期出现了急速下跌。我们取区间 2 中的最低点右侧的最高点作为 A 点，取区间 3 中的最低点作为 B 点，画两点卖出预测线，市场反弹到预测的目标位置 C2：5.40 附近没有有效突破，后期出现了急速下跌。

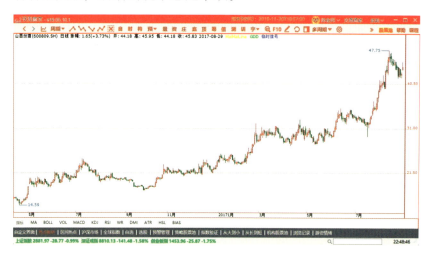

图四十

在图四十中，怎么才能精准的画出预测线，大家动手画一下买入和卖出预测线，然后和下面笔者画好的进行比较和学习以便快速的掌握。

图四十一

3. 两点买入预测：

如图四十一，价值区间 1、价值区间 2、价值区间 3 都是在上升趋势中形成的，所以我们做的都是两点买入预测。我们取区间 1 中的最高点右侧的最低点作为 A 点，取区间 2 中的最高点作为 B 点，画两点买入预测线，市场回调到预测的目标位置 C1：23.32 附近没有跌破受到支撑，之后出现了急速上涨。我们取区间 2 中的最高点右侧的最低点作为 A 点，取区间 3 中的最高点作为 B 点，画两点买入预测线，市场回调到预测的目标位置 C1：31.82 附近之后出现了急速上涨。注意市场如果回调到 C1 目标位置就止跌上涨，一般往往都会急速大涨，这些我会在后面的结构预测里详细讲解。

图四十二

4. 三点卖出预测：

如图四十二，价值区间 1、价值区间 2、价值区间 3 都是在上升趋势中形成的，所以我们做的都是三点卖出预测。我们取区间 1 中的最高点右侧的最低点作为 A 点，取区间 2 中的最高点作为 B 点，取区间 2 中 B 点之后的最低点作为 C 点，画三点卖出预测线，预测的目标位置 D3：35.36 点和实际的点位 35.35 只差 1 分钱。我们取区间 2 中的最高点右侧的最低点作为 A 点，取区间 3 中的最高点作为 B 点，取区间 3 中 B 点之后的最低点作为 C 点，画三点卖出预测线，预测的目标位置 D2：47.50 点和实际的点位 47.75 只差 25 分钱。多么精准的预测呀，按照这种方法任何一支股票几乎每次都能买到最低点。

如果我们把图四十一和四十二结合起来买卖股票交易，大家就更容易理解区间在左侧大数据预测买卖中的精准性了。

四十三

在图四十三中，我们先用鼠标点击左上方工具栏中的两点预测买入计算功能，然后我们取区间 1 中的最高点右侧的最低点作为 A 点，取区间 2 中的最高点作为 B 点，画两点买入预测线，电脑会自动的帮助大家预测未来股价的回调价格位置 C1、C2、C3。C1 代表股价弱势回调的目标位置，C2 代表股价正常回调的目标位置，C3 代表股价强势回调的目标位置。此时通过电脑计算出山西汾酒能弱势回调的目标位置是 C1：23.32，正常回调的目标位置是 C2：21.29，强势回调的目标位置是 C3：19.73。在 2017 年 1 月 23 日，股价下影线刚好打到 C1：23.32 处止跌，下影线的最低价是 23.30，和实际预测的只差 2 分钱，此时买入。

四十四

图四十四是山西汾酒 2016 年 4 月 12 日到 2017 年 2 月 22 日的走势图，图中从区间 1 中的最高点右侧的最低点上涨到了区间 2 中的最高点又下跌到 23.30 之后再走出第二波上涨，根据预测赢家的左侧交易理念，上涨找卖点，第二种两波上涨卖出模型，也就是三点预测卖出算法计算。

此时我们在左上角空间预测功能区用鼠标点击三点预测卖出

功能，在已知 A 点、B 点和下跌的 C 点 23.30 依次点击一下，电脑会自动的帮助大家预测未来股价的上涨价格位置 D1、D2、D3。D1 代表股价弱势上涨的目标位置，D2 代表股价正常上涨的目标位置，D3 代表股价强势上涨的目标位置。

此时通过电脑计算出山西汾酒弱势上涨的目标位置是 D1：31.76，正常上涨的目标位置是 D2：33.33，强势上涨的目标位置是 D3：35.36。

四十五

如图四十五，股价在 2017 年 6 月 14 日强势上涨到提前预测出来的价格 D3：35.36 附近滞涨，而且实际走势最高价 35.35 和提前预测出来的 35.36 相差 1 分钱，此时我们卖出股票。卖出以后股价展开下跌，此时我们该继续预测计算下一次的买入价位了。

四十七

在图四十七中，我们先用鼠标点击左上方工具栏中的两点预测买入计算功能，然后我们取区间2中的最高点右侧的最低点作

思考

为什么用区间2的A点而不是区间2的最低点取点画预测线呢？

为 A 点，取区间 2 中的最高点作为 B 点，画两点买入预测线，电脑会自动的帮助大家预测未来股价的回调价格位置 C1、C2、C3。C1 代表股价弱势回调的目标位置，C2 代表股价正常回调的目标位置，C3 代表股价强势回调的目标位置。此时通过电脑计算出山西汾酒能弱势回调的目标位置是 C1：31.82，正常回调的目标位置是 C2：28.64，强势回调的目标位置是 C3：26.27。在 2017 年 7 月 13 日之后股价连续 3 天没有跌破 C1:31.82 位置，股价止跌站稳，此时买入。

四十八

　　图四十八中是山西汾酒 2016 年 4 月 12 日到 2017 年 8 月 3 日的走势图，图中从区间 2 中的最高点右侧的最低点上涨到了区间 3 中的最高点又下跌到区间 3 中的最高点右侧的最低点之后再走出第二波上涨，根据预测赢家的左侧交易理念，上涨找卖点，第二种两波上涨卖出模型，也就是三点预测卖出算法计算。此时我们在左上角空间预测功能区用鼠标点击三点预测卖出功能，在已知 A 点、B 点和 C 点依次点击一下，电脑会自动的帮助大家预测未来股价的上涨价格位置 D1、D2、D3。D1 代表股价弱势上涨的目标位置，D2 代表股价正常上涨的目标位置，D3 代表股价强势上涨的目标位置。此时通过电脑计算出山西汾酒弱势上涨的目标位置是 D1：45.14，正常上涨的目标位置是 D2：47.50，强势上涨的目标位置是 D3：50.68。

四十九

　　如图四十九，股价在 2017 年 8 月 10 日强势上涨到提前预测出来的价格 D2：47.50 附近滞涨，而且实际走势最高价 47.75 和提前预测出来的 47.50 相差 25 分钱，此时我们卖出股票。卖出以后股价展开下跌，此时我们该继续预测计算下一次的买入价位了。

　　价值区间是股市宇论左侧交易理论的基石，不仅是我们空间预测的基础，也是我们左侧交易 2 和左侧交易 3 中各个章节的理论基础，尤其是左侧交易 2 的结构理论和左侧交易 3 的背离理论的核心基础。所以我们一定要把价值区间学透了，并且深度掌握其在空间预测中的实战应用。

●●●● 小结

　　本节主要讲解了价值区间在实际画预测线中的应用，尤其是取点的问题，这个问题是初学者最容易搞错的问题，也是初学者的难点。所以本节我们花了大量时间列举案例去详细的讲解如何取点，尤其是在价值区间里面取点尤为重要，我们每个案例的取点讲解都非常的详细，目的是为了让广大读者更容易掌握如何取点，这样有助于我们后面内容的学习。

后记

炒股其实就是修行，在赚钱与亏钱中不断地挣扎，不断地挑战人性的弱点，就像僧人一样，不断地遇到痛苦磨难，不断地悟道得道，才能修成得道高僧。在股市中要想炒好股，必须从道法术三个维度去修炼自己。

何为道？也就是我一直强调的投资理念，即心法。这里我从市场的各种节奏谈起，因为在市场中只要我们能踏准了市场的各种节奏，在道的层次能做地很好，其他的技术策略、买卖点把握就显得不那么重要了。市场的各种节奏包括风险控制节奏、仓位控制节奏、大局观节奏、风口热点节奏、贪婪恐惧节奏、买卖点节奏，市场中的不同节奏都会影响我们的交易收益情况。

首先，风险控制节奏要放在第一位置。为什么要放在第一位置呢？道理很简单，当市场在上涨的时候，有80%—90%的股票都在上涨，也就是说市场有80%—90%的赚钱效应，此时我们选择参与股票交易，即使我们不怎么会交易，一波结构性上涨很容易赚取20%—30%的收益，如果交易能力强一些就能赚到50%—80%的收益，如下图一。

图一

后
记

186

在图一中，是上证指数 2018 年 5 月到 2020 年 11 月的走势图，图中每一波市场上涨，很容易赚到 20%—30% 的收益，如果上涨级别大一些，会赚到 50%—80% 的收益，其实这些对一个普通的投资者来说很容易做到，最难的就是赚取了利润能不能锁住，也就是在市场不好的时候，我们能不能及时出来，不去参与市场交易，保住之前在上涨市场中获取的利润。因为在市场不好的时候，只有 10%—20% 的股票都在上涨，也就是说市场有 10%—20% 的赚钱效应，此时我们选择参与股票交易，即使我们技术交易能力很强，也会出现大面积亏钱，甚至把自己在上涨市场中赚的钱亏掉，还会多亏很多本金，所以市场的牛散也好，游资也好，机构也好，和散户最大的区别就是在市场不好的时候能及时出来锁住利润，甚至他们在上涨市场中收益还不如散户，但是他们能在下跌市场中控制好仓位，甚至不参与市场交易，锁住之前上涨市场中交易获得的所有利润。这就是为什么说风险控制节奏永远要放在第一位置，也就是要跟随市场节奏，控制好风险节奏。这是道的维度层次最重要的核心要素，也是要放在首位的炒好股的必须条件。

其次，把握好仓位控制节奏是决定大家能不能锁住利润的第二要素。仓位控制节奏其实很简单，就是在市场不好的时候控制好仓位，锁住之前赚取的利润，如何去控制仓位呢？如下图二。

图二

在图二中，上涨结构中持有 7 成到 8 成仓位，下降结构中持有 1 成仓位或空仓。例如在上涨结构中持有 8 成仓位，直到上涨结构结束获利 80%，相当于总资金获利 64%，在接下来的下降结构中持有 1 成仓位，如果亏损 20%，那么相当于亏了 3.28%，整体获利 60% 以上，如果亏损 80%，那么相当于亏了 5.12%，整体获利 58.88%。因此决定大家能不能赚钱的不是市场好的时候能赚多少钱，而是在市场不好的时候通过仓位控制锁住多少利润才是最关键的。这就是我经常讲的一句话，上涨不追求高收益，只有下跌能锁住利润才是股市赢家。

再次，风口热点节奏是决定大家能不能多赚钱的要素。随着新股不断的大量上市，但市场的资金是有限的，不可能让所有的股票上涨，那么市场资金就会有选择的进入一些当前容易被大多数人认可，容易上涨的行业概念里，这样很容易形成市场的合力，让自己所买的股票价格涨起来，这就是常说的事件驱动概念，而这些概念我们只要参与，大概率很容易获得可观的利润，如果我们参与那些没有故事可讲，也不可能有什么超预期的股票，那么大概率是没有资金愿意去购买的，这样股价就不会上涨，即使是市场指数上涨，这个行业概念也不会上涨，此时我们买进去，大概率就会亏损。如十四五规划的相关行业基本被市场非常认可，涨势都非常好。大科技中的第三代半导体就是因为被写入十四五规划中而整个概念大涨，像豫金刚石、捷捷微电、易事特涨幅至少都在一倍以上；新能源汽车也是因为被写入十四五规划中而整个概念大涨，像天赐材料、比亚迪、长城汽车涨幅大都在二倍或三倍以上；光伏太阳能也是因为被写入十四五规划中而整个概念大涨，像青岛中程、上机数控、通威股份涨幅大都在 50% 到一倍以上。因此我们要学会跟随风口热点的节奏。

然后，贪婪恐惧节奏是决定大家在交易过程中执行力问题的要素。很多投资者经常安慰自己，"我之所以交易不好，是因为我比较贪婪和恐惧，这是人性的弱点，谁也避免不了"，但是我可以很负责任的告诉大家，很多人都可以避免。我们之所以明明已经看出来市场开始下跌，但是还是不愿意卖出股票，原因不是我们太贪、太恐惧，而是亏钱了不舍得割肉离场。我记得我进入这个行业的时候，我们的老师告诉我们在股市流传着这样的格言，"会买的是徒弟，会卖的的是师傅，会止损的是祖师爷"，我听了觉得很有道理。

于是我就不断地割肉卖出，亏了就止损，再亏了就再止损，结果很快亏损就达到80%以上，后来经过实践才知道，我是被误导了，一个误导让我差点付出倾家荡产的代价。通过实战陈老师总结出了经过市场验证过完全有效的交易理念，可以用来克服人性的弱点，很好地把握贪婪恐惧的节奏。我相信大家一定迫不及待地想知道是什么了，见下图三。

贪婪恐惧节奏

- 1.买错了怎么卖都是错的——会买的是祖师爷
- 2.买点时机很重要——买点是等出来的
- 3.宁可错过也不要买错——没有8成到9成把握不要出手
- 4.热点在切换频繁的时候要懂得以静制动——做组合配置
- 5.坚持赚自己能力范围之内的钱
- 6.在股市中能不能赚钱，不是行情好谁赚的多，而是行情不好能否锁住利润。
- 这就是韭菜和牛散的区别

图三

经过多年的股市实践，我发现买错了怎么卖都是错的，所以买对的才是祖师爷，而且买点时机很重要，不是在什么时候都能买，一定是在市场资金、情绪、技术、热点都出现的时候才能买入，因此买点是等出来的。就像猎人狩猎一样要牢牢地趴在那里，一动不动地等待一天，没有一天的耐心等待就没有丰厚的猎物收获。在股市中我们大多数人亏钱的原因是我们买错被套，没有一个买对上涨亏钱的，所以买对很重要。没有 8 成到 9 成的把握就不要出手去买入，宁可错过也不要买错，因为错过了没买是不会亏钱的，但是买错了一定是会亏钱的。

我们很多投资者亏钱的另一个原因就是，买了一只股票没涨，发现另一只股票涨得很好，结果我们去追另一只，另一只买入以后开始调整，而刚刚卖掉的那只股票反而大涨了，原因就是热点变化非常快，我们很难跟上市场热点的节奏，在这种情况下我们可以进行热点组合。也就是如果目前市场有多个热点在轮流变化，比如消费电子、芯片半导体、新能源车、疫苗这四个热线板块在不断地轮动上涨，今天消费电子和芯片半导体涨，明天很有可能就是新能源车和疫苗上涨，后天有可能就是消费电子和疫苗涨了，我们很难知道哪天是哪个热点在上涨，因为热点变化太快不持续，在这种市场中，我们唯一能做的就是每个热点各买一只股票形成组合。无论哪个热点上涨，我们都有钱赚，看下图四。

2020年1月份收益情况				
	100万	100万	100万	100万	400万
日期	华友钴业	南京证券	中微公司	聚飞光电	收益
1月2日	1.88%	1.94%	12.39%	5.70%	5.48%
1月3日	9.97%	-3.50%	0.11%	-0.17%	1.60%
1月6日	5.98%	-1.42%	-0.87%	8.45%	3.04%
1月7日	-1.82%	5.35%	3.82%	-2.34%	1.25%
1月8日	0.85%	-4.85%	10.25%	0.16%	1.60%
1月9日	0.67%	1.20%	0.09%	-0.16%	0.45%
1月10日	-0.34%	-3.31%	-2.18%	-6.86%	-3.17%
1月13日	0.43%	0.33%	16.02%	4.45%	5.31%
1月14日	4.80%	-1.79%	0.75%	4.75%	2.13%
1月15日	-5.81%	2.07%	8.88%	-0.31%	1.21%
1月16日	-0.02%	-0.65%	16.33%	2.04%	4.43%
1月17日	-2.43%	-1.22%	14.62%	-5.23%	1.44%
到目前总收益	14.07%	-6.12%	112.11%	9.79%	32.46%

图四

在图四中，我列举的是一个热点的股票组合，四个热点我一个买一只，当然买的一定是每个热点龙头，例如在 2020 年 1 月，当时的热点是锂电池概念、券商、芯片、消费电子，我每个热点板块买一只，当然买的都是各个细分领域的龙头，这样的好处是抗风险能力很强。

1 月 2 日在市场很好的情况下，四个热点板块都上涨，那么组合的每只股票都上涨，这样我们整体都是大赚的，该组合当天整体增加了 5.48% 的收益。

1 月 3 日市场开始震荡，只有两个热点板块上涨，锂电池和大科技芯片，而消费电子和券商调整，此时锂电池的龙头华友钴业涨停和芯片的中微公司涨幅 0.11%，券商的南证证券跌 3.50%，消费电子柔性屏的聚飞光电微跌 0.17%，当天整体增加收益 1.6%。

1 月 6 日热点又切换到锂电池和消费点上，因此华友钴业和聚飞光电大涨，虽然券商和芯片板块调整，但是由于南京证券和中微公司是龙头，也只是微调一点，当天整天收益增加 3.04%。

图四列举的该组合在 12 个交易日中，只有 1 月 10 日由于市场暴跌，所有板块概念都下跌，盈利回测了 3.17%，其他时间盈利都是增加的。这就是热点组合龙头的抗风险性，尤其是在市场热点频繁变化的过程中，利用组合以静制动最为完美。当然详细的案例和细节分析我会在后面的左侧交易系列书籍里面写到。

最后，坚持赚自己能力范围内能赚的钱，有的股票我们看不懂就不要买，或者今天市场不好，也不要参与，我们老股民经常有这样的感觉，在市场不好的时候，或者自己感觉不好，对这只股票把握不好的时候，我们非要参与，在这种情况下，只要我们买入股票大概率是亏钱的。我们一定赚符合我们自己策略的钱，我们自己能看懂的钱，不要无脑参与无脑买卖。因此在股市能不能赚到钱，不是比谁在市场好的时候赚得多，是比谁能在市场不好控制好仓位的时候亏得少，在自己看不懂的时候不出手，锁住自己前期赚的每一分利润，所以我本人对回测看得比较重要，回测超过 5% 就算是最大的回测了，就要清仓休息找原因了。这就是牛散和韭菜的区别。

这是道的部分全部内容，当然这是冰山一角，具体详细的介绍我会在接下来的左侧交易书籍中详细讲解，广大读者敬请关注之后的左侧交易书籍的出版。

道是心法，修炼明白了，此时就进入下一阶段—对法的修炼了，何为法呢？法主要讲的是交易逻辑，有短线交易逻辑、长线交易逻辑、事件驱动交易逻辑、价值组合交易逻辑以及妖股交易逻辑，这些都是从选股到交易策略的角度讲解分析的。法的层次更重要的是强调具体策略的分析和实施，就像我们行军打仗一样，道注重的是战略，法注重的是战术，具体法的层次的详细介绍至少一本书的内容才能介绍完，后面会在左侧交易书籍中详细讲解。

最后就是术的层面了，术的层面就是偏向于具体买卖点交易了，有了道和法的基础，此时术就是执行交易了，怎么样买到相对的低点，卖在相对的高点，这就是术要去解决的问题了，左侧交易书籍1和2以及3就是重点解决术的问题，所以我这里就不重点详细的讲解了，可以用几个字简单的概括一下：结构—看方向，递归—找点位，背离—定买卖，训练—练执行。这是交易术层次的精髓，望广大投资者带着这几句话重读左侧交易1、2、3，这样你会有不一样的收获的。

最后的最后，还是要感谢在这个世界中，对我一路陪伴、一路不离不弃的亲人、朋友、合作伙伴和同事，你们是我一切努力的动力。

左侧交易

2 揭秘机构精准买卖策略

陈占宇 ◎ 著

图书在版编目（ＣＩＰ）数据

左侧交易 .2 / 陈占宇著 . -- 太原：山西人民

出版社 , 2021.1

ISBN 978-7-203-11625-7

Ⅰ . ①左… Ⅱ . ①陈… Ⅲ . ①股票交易 - 基本知识

Ⅳ . ① F830.91

中国版本图书馆 CIP 数据核字 (2020) 第 206867 号

左侧交易 . 2

著　　者：陈占宇
责任编辑：王晓斌
复　　审：贺 权
终　　审：姚 军
装帧设计：王奥鑫

出 版 者：山西出版传媒集团 · 山西人民出版社
地　　址：太原市建设南路 21 号
邮　　编：030012
发行营销：0351—4922220 4955996 4956039 4922127（传真）
天猫官网：https://sxrmcbs.tmall.com 电话：0351—4922159
E—mail：sxskcb@163.com 发行部
　　　　　sxskcb@126.com 总编室
网　　址：www.sxskcb.com

经 销 者：　山西出版传媒集团 · 山西人民出版社承
印　　厂：大厂回族自治县德诚印务有限公司

开　　本：710mm×1000mm 1/16
印　　张：26
字　　数：210 千字
印　　数：1—5000 套
版　　次：2021 年 1 月第 1 版
印　　次：2021 年 1 月第 1 次印刷
书　　号：ISBN 978-7-203-11625-7
定　　价：396.00 元（全 2 册）

如有印装质量问题请与本社联系调换

.

推荐序 一

炒股确实是一门复杂的学问，其中涉猎到多个知识面，大到宏观经济、微观经济、国际货币市场基金；小到股市交易法则、主力资金动向、持股公司基本面分析等；市场上的大多数股民都是经常买在最高点，卖在最低点，所以总是亏钱、亏钱！很多股民炒股是纯靠运气，直到我无意间认识了预测赢家的陈占宇老师并跟他深入交流了"左侧交易"理念之后，我才发现这本书的确让人"惊为天人"！

本书是陈占宇老师在股市中纵横捭阖了多年的经验总结，拜读后可以彻底改变散户股民的炒股思维，其中有很多独特的见解，大家细心品味后会犹如洗髓经般从新审视自己以前的交易理念。

本书我总结了以下3点供大家参考：

1、陈占宇老师提倡的左侧交易理念，是在市场下跌时找买点，在市场上涨时找卖点，从而彻底摆脱传统的追涨杀跌的交易模式，这也是我极为推崇的交易理念；

2、为了让大家更好地理解内容，书中不仅有理论方法的讲解，还结合着当时的情况列举了许多实战案例。每一个案例都用彩图标注、讲解，形象直观，真正做到了简单易懂、边学边用，有效地帮助股民树立正确的交易理念，同时提升实战能力；

3、内容环环相扣、相辅相成，要仔细学习每一个章节，才能为下一个章节乃至整套理论打好基础，比如想要学区间理论和结构理论，就得先学会画线理论，再比如想要学结构理论，就得先了解结构的分解定律，有了分解才能量化结构，有了结构的量化，买卖交易才有标准，等等。当您将所有的内容都融会贯通后，您才能真正地掌握左侧交易，从而成为一名成功的交易者！

本书是陈占宇老师潜心多年的研究心血，希望对广大的中小散户股民朋友们有所帮助，大家都能在股市中有所收获！借此也感谢陈占宇老师的邀请，很荣幸地为本书撰写序言。

2020 年 11 月 2 日 于羊城作序

广东小禹投资管理有限公司董事长

《民间股神》作者

推荐序 二

路线问题上，有左倾右倾之分；政治上，也有左派右派之别；其实投资上，也有左右之争。

左是指左侧交易，右是指右侧交易。

通俗意义上讲，左侧交易指在股价见底前或见底中完成建仓和交易，常见的有低吸和潜伏；右侧交易指趋势上涨的过程中去建仓和交易，常见的有追高买入，其中比较典型的是突破买入和趋势跟踪交易。

到底是左侧好还是右侧好，这个问题一直争议不断，也讨论不绝。在实践中，我们经常见到左侧高手，比如冯柳；同时也有很多右侧高手，比如赵老哥。

可惜的是，关于左侧和右侧的讨论，缺乏深入和系统化的论著。不过，可喜的是，终于有人来做这个工作了。预测赢家创始人陈总恰好对此有深度的思考和总结，他所著《左侧交易》系列著作，是我见过首次对这个问题进行深入回答的著作。

当然，陈总倡导左侧交易，他把自己对左侧交易的思考系统地写成了一套著作。我看完初稿，也感触良多。虽然我本人倡导龙头战法，但是龙头并非只有右侧一种思路，对于价值龙头，也有很多左侧交易的策略。而且，即使是右侧交易，其中也有右侧中的左侧。

左侧交易对市场的预判、对市场未来的感知要求很高，我很佩服那些把左侧做得好的人，他们往智商都很高，所以有左侧是天才之说。

希望本书能够带领大家进入左侧交易的世界，让每个人都成为自己世界的天才。

谢谢！

2020 年 11 月 2 日 于广州

香象渡河公司董事长、《龙头信仰》作者

前言

　　此书献给那些还在黑暗中前行摸索的投资者，因为我和你们有一样的经历，所以我相信此书会开启你们炒股生涯的新篇章。十几年前，我和大多数投资者一样，怀着一个能一夜暴富的梦想，进入到股市中，成为整天被割的韭菜，但是运气好，后期赶上了2006年和2007年的大牛市，没亏多久就开始赚钱了，而且钱越赚越多。

　　当然和一般小散比，能在牛市中赚钱，得益于我系统性地学习了股市技术分析的所有经典理论，一开始也是亏钱的，后来通过大量的学习股市经典理论，开始在股市赚钱了，不过后来才知道，那是市场给的机会，不是自己学习明白了。在那个时候除了炒股以外，自己还在一些机构任职，做投资教育方面的老师，教股民怎么炒股，那时候由于无知什么都敢讲，什么都敢教，现在看来真是无知者无畏呀！

　　当时我讲学的内容主要是技术分析经典理论，包括道氏理论、江恩理论、趋势理论、波浪理论、缺口理论、量能理论、形态学、蜡烛图和各种指标策略。这些理论我基本上都是倒背如流，在当时圈里也是出了名的专业人士。直到2008年股灾，由于股市下跌了一年，我的股票市值也一度从7位数变成6位数。我开始迷茫、开始失望、开始怀疑自己的人生，主要我不是因为对股市无知而亏损的，我对技术分析倒背如流。我不知道问题出在哪里了，也再不敢给别人分享经验和去机构教学了。

一、正确的投资理念决定成败

2008年底由于市场萧条，亏了很多钱，自己也没有以前那种自信的心态了，开始颓废了，整天无所事事，什么也不愿意干，此时又回到中学时代开始去看金庸先生的武侠小说了，希望看看那些绝世高手是怎么从绝望中找到希望，再次成为武林高手的，小说家里没有了，于是开始看电视剧，金庸的射雕三部曲那是必看的，看着看着，好像突然明白自己是怎么亏钱的了。

金庸先生的射雕三部曲中讲到，要想成为武林高手，在练习武功之前一定要先修炼心法，心法修炼对了，才能练招式，才有可能成为武林高手。像金庸先生笔下的西毒欧阳锋、峨眉掌门周芷若，都是心法理念不对，最后练成了鬼物，永远不可能成为武林至尊。所以炒股也一样，一定先是有正确的投资理念，然后才是具体的方法，理念错了方法再好也没用，还是怎么做怎么亏钱。但是到底什么样的心法，也就是投资理念是正确的呢？我一时半会想不明白，我又陷入了苦苦的寻找中，希望找到正确的投资理念，2009年虽然市场回暖，但是我还是没有心情交易，一直在琢磨到底什么样的理念是正确的投资理念呢？直到2009年的某一天奇迹发生了。

二、左侧交易理念的产生

2009年的某一天，一个左侧交易的理念从我大脑一闪而过，我知道我的股市命运即将改变。我们大家知道的股神巴菲特就是用的左侧交易理念，他无论在什么地方什么场合，经常表达他的投资理念，最著名的一句话就是"别人在贪婪的时候，我恐惧；别人在恐惧的时候，我贪婪"。这是巴菲特的经典名言，其实这句话非常形象地表达了他的左侧交易投资理念，也就是当市场在下跌的时候，大多数投资者恐惧害怕割肉离场的时候，我此时进场抄底；当市场在上涨的时候，大多数投资者贪婪不断加仓的时候，我此时卖掉手中股票。这就是非常通俗易懂的左侧交易理念描述。

很多人会问，这句股市至理名言，几乎谁都知道，但是能在股市中挣钱吗？答案是不能。没有一个人因为听了这句话挣钱了，对于我也一样，想不出来怎么通过这个理念炒股挣钱，苦想了半年，终于有一天悟出了可执行操作的方法，这个方法源于我想起我大学时代学习的文艺复兴时期的量化基金之父——西蒙斯的模型量化理论。通过西蒙斯的模型理论通过大数据建立模型就可以把巴菲特的理念量化了，就可以在股市下跌的时候找到相对的低点买入，在股市上涨的时候找到相对的高点卖出。这些具体的内容会在本书《左侧交易1》中第一章第一节中有详细的介绍。

三、左侧交易核心理论

在左侧交易核心理论中有五大理论，分别是分形理论、区间理论、结构理论、递归理论和背离理论，这五大理论是我这十年中逐级实战交易总结出来的。分形理论是左侧交易的基础，也是做大数据量化左侧预测模型的基础，区间理论是后面结构理论、递归理论和背离理论的基础。

《左侧交易1》主要是讲解分形理论和区间理论，以及用这两大理论延伸出的空间量化预测计算模型。《左侧交易2》主要是讲解结构理论和递归理论，这两大理论是左侧交易最核心的精髓理论，希望读者要认真研究《左侧交易2》，当然不看《左侧交易 1》，你还是很难看懂《左侧交易 2》，《左侧交易 3》是股市找精准买点的核心理论——背离理论。希望读者认真学习左侧交易核心理论和精髓，能早日走出股市困境，成为股市的 1%。

当然很多读者就会问有没有选股理论体系呀？我的回答是有的，这是我研究的第二大体系，也就是龙头战法、龙头信仰，在《左侧交易》出版以后，我会再系统性的写选股体系——龙头信仰！有很多读者会问两大体系有什么区别吗？左侧交易是用来精准买卖的，偏向于买卖点交易的，而龙头信仰是用来指导选股的一套体系，好了，这里就不多介绍了，后面在书里的各个章节会有明确的介绍。

四、左侧交易理论的产品化

这套理论对于初学者一定会非常的吃力，因为它是市场上从来没有过的理论，是中国人唯一一套自己总结的理论，所以为了让读者容易学习，我们把这套理论开发成了股票软件，大家学习之余，也可以下载整套软件实战练习，直接下载预测赢家 APP 就可以使用，当然有些工具我们用了大量的研发人员，花了大量的资金投入研发出来了，需要收费，但是凡是读者下载都可以免费体验试用。当然大家也可以关注我的微信公众号（预测赢家）和我一起学习沟通交流。

软件 APP 二维码　　　　　　公众号二维码

以我十年的股市学习炒股生涯经验分享给大家，第一个阶段就是看不懂，此时我们一定要耐心去请教学习研究，然后会进入第二个阶段；第二个阶段就是看懂了，但是越学习感觉知识量越大，就是把书读厚了，然后会进入第三个阶段；第三个阶段就是把学习的内容在实践中融会贯通，不断地遇见问题、遇见困惑，同时要不断地解决问题、解决困惑，最后有一天突然发现自己学习的理论就可以用一句话表达出了，此时就进入第四个阶段了，恭喜你，左侧交易方法已经融入到你的血液里了。

　　五、最后感谢

　　首先，我感谢这个时代，我生在这样一个充满机会，可以按照自己的喜好工作研究的时代；其次，我感谢我的祖国，祖国给我们每一个中国人制造了如此伟大的机会，让我们只要努力就能过上好日子，实现大梦想；再次，我感谢我的父母对我的养育之恩和悉心教导培养之恩，同时也感谢我的妻子这么多年在背后的默默付出和支持，让我没有后顾之忧地努力工作，全身心地投入到自己喜欢的事业中；然后，我要感谢我的创业合作伙伴对我的大力支持和包容，没有你们就没有这套理论体系的诞生和形成系统的工具实践；最后，也是最重要的，要感谢我的运营编辑团队，对我写的左侧交易理论书稿一遍一遍的校对和改正，让我们一起怀着一颗感恩之心去拥抱美好的未来吧！

2020 年 11 月 4 日 于北京

目录

第一章 结构理论
Chapter 1 structure theory

01

1

Contents
目录

2

结构理论

第一章

我在第一册第一章开篇就讲了世界万物都是有规律的，世界是物质的，物质是运动的，运动是有规律的。宇宙五大规律：第一宇宙规律是勾股定理；第二宇宙规律是牛顿的万有引力；第三宇宙规律是爱因斯坦的相对论；第四宇宙规律是热力学定律；第五宇宙规律是混沌与分形理论。这五大宇宙规律应用在各个领域让人类极大受益，股市宇论是宇宙五大定律在股市的应用。

　　宇宙的五大规律是由物质的运动所引发的，例如宇宙天体的不同运动产生不同的规律，从而影响人的情绪变化周期，进而影响股市的变化结构和周期。因为股市是人去操作的，大多数人的买卖行为决定股市的走势，人的买卖交易行为是受人的情绪变化影响的，人的情绪变化又受到周边环境的影响，如春夏秋冬一年四季，不同的季节对人的情绪影响也是不一样的，如阴晴圆缺，不同的天气环境对人的情绪影响也是不一样的。

图一

如图一，是太阳系中对我们影响最大的三个星球，分别是太阳、地球、月亮。

太阳是太阳系的中心天体，占有太阳系总体质量的99.86%。太阳系中的八大行星、小行星、流星、彗星、外海王星天体以及星际尘埃等，都围绕着太阳公转，而太阳则围绕着银河系的中心公转。

地球是太阳系八大行星之一，按离太阳由近及远的次序排为第三颗，也是太阳系中密度最大的类地行星，距离太阳约1.5亿公里。地球自西向东自转，同时围绕太阳公转。现有

思考

天体的运行对股市有什么影响?

40~46 亿岁，它有一个天然卫星——月球，二者组成一个天体系统——地月系。46 亿年以前起源于原始太阳星云。

月球，俗称月亮，古时又称太阴、玄兔、婵娟、玉盘，是地球的卫星，并且是太阳系中第五大卫星。月球直径大约是地球的四分之一，质量大约是地球的八十一分之一。月球是太阳系中质量最大的卫星，月球表面布满了由小天体撞击形成的撞击坑。月球与地球的平均距离约 38 万千米，大约是地球直径的 30 倍。

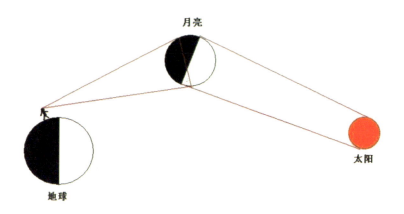

图二

如图二：

1.地球是太阳系的行星，地球围绕太阳转，转一周是阳历一年。

2.月亮是地球的卫星，月亮围绕地球转，转一周是阴历一个月。

3.当三者排成一条直线时会出现日食或月食现象。

4.地球是行星，绕太阳转，吸收光热孕育了生命。

看到这儿，大家有可能会去问，这和炒股有什么关系？

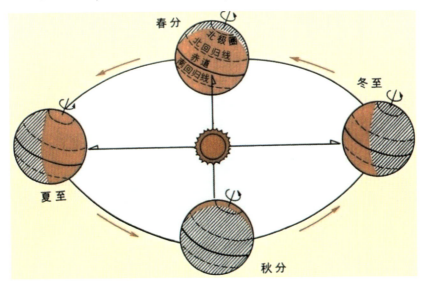

图三

如图三，地球在围绕太阳不停地公转的同时，也在绕自身的地轴自转，不过地轴并不垂直于公转轨道面，而是有一个23度27分的倾角。正是因为这个倾角的存在，才会使太阳在地球表面的直射点在南、北回归线之间移动，从而形成了春夏秋冬四个季节。

每当春回大地，气候转暖，生机勃发的时候，此时人便身心愉快，情志舒畅，往往此时股市交易活跃，开始上涨，盈利效应比较高，因此，每年年后是股市的一个转折点。

每当夏季炎热，阳光充沛的时候，体热熏蒸，汗淋如雨，体力消耗较大，人就犯懒，不愿意动，此时交易冷淡，不太活跃，所以很多历史的高点都是在六月产生的。

每当秋高气爽、天气温和的时候，人们的精神状态往往乐观练达，心情舒畅，此时交易就比较活跃，很多历史的底部都是在九、十月份产生的。

每当寒风阴雨、干燥严寒的时候，人的心情就会变得烦躁易怒或抑郁低沉，此时交易就又进入冷淡期，股市大多数都是在12月或1月进入回调阶段。

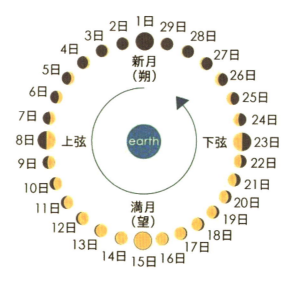

图四

如图四，月亮是太阳系中与地球最亲密的星球，也是我们人类最熟悉的星球。多少世纪以来，人们赋予月亮许多美好的传说，使它具有无限的魅力。同时我们也知道，月亮的周期变化，可以影响到地球海洋和大气的变化。同时月亮的阴晴圆缺，对人体机能也有影响，从而直接影响人的情绪变化。美国的精神病学家利伯对这个问题做了长时间的研究。他所著的《月球作用——生物潮与人的情绪》一书提出，人体中约有80%是液体，类似海洋，这样月球的引力能像引起海水潮汐那样对人体中的液体产生作用，引起生物潮。特别是满月和朔月时，月亮对人的行为影响比较强烈，在月圆时人们容易激动，刑事案件增加，精神病人啼哭者增加，失眠和精神紧张的人数倍增。所以在初一和十五的时候股市容易形成高点或低点。

图五

如图五，是上证指数 29 年的走势图，每一个历史的高低点都是初一或十五，也就是新月或满月。从图五可以看出，历史的大顶都是在满月的时候形成的，所以在十五附近的日子少参与股市；历史的大底都是在新月的时候形成的，所以在月初附近的日子可以积极参与股市。这就是世界万物和天体宇宙的规律，这也是我们股市宇论这个名字的由来，由天体运动周期引发人的情绪变化周期，由人的情绪变化周期引发股市的变化周期。

通过上述的讲解，目的是告诉大家，股市是有规律的，就像人类生老病死一样周而复始，究其原因是由天体规律运动形成的。看图六。

图六

在图六中，是人类的发展规律，从无到有，从弱小到强壮，再从强壮到老弱，再从老弱到无；从十月怀胎到呱呱坠地，从婴儿到幼儿，从幼儿到儿童，从儿童到青少年，从青少年到壮年，再从壮年到中年，再从中年到老年，再从老年到死亡。就像世界万物的发展规律一样，从发生到发展，从发展到繁荣，再从繁荣到萧条，再从萧条到结束。股市也一样，看下图七。

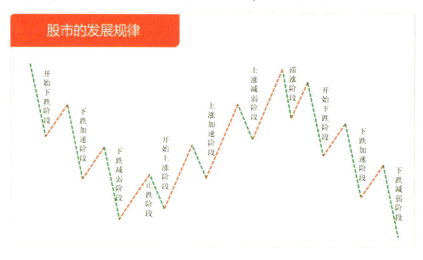

图七

图七是股市的发展规律走势图，从开始下跌阶段到下跌加速

阶段，从下跌加速阶段到下跌减弱阶段，从下跌减弱阶段到止跌阶段，从止跌阶段到开始上涨阶段，从开始上涨阶段到上涨加速阶段，从上涨加速阶段到上涨减弱阶段，从上涨减弱阶段到滞涨阶段，从滞涨阶段再到开始下跌阶段周而复始的循环走势。这就是股市的规律，通过分析股市的规律，利用股市的规律，从股市中赚取财富。接下来我细讲股市的这一结构规律。

第一节结构的移动定律

　　股市书写了不少的财富神话，让无数希望一夜暴富的追逐者，深入研究股市的规律，在很早之前就产生了大量的股市结构规律理论，最为出名的是美国证券分析家拉尔夫·纳尔逊·艾略特（R.N.Elliott）利用道琼斯工业平均指数（Dow Jones Industrial Average，DJIA）作为研究工具，发现不断变化的股价结构移动，提出了股价结构的波动理论。

　　根据这一理论他提出了一套相关的市场分析理论，精炼出市场的13种形态（Pattern）或波浪（Waves），在市场上这些形态重复出现，但是出现的时间间隔及幅度大小并不一定具有再现性。

　　而后他又发现了这些呈结构性形态的图形，可以连接起来形成同样形态的更大图形。

　　进而提出了一系列权威性的演绎法则来解释市场的行为，并特别强调波动原理的预测价值，这就是久负盛名的艾略特波浪理论。艾略特波浪理论（Elliott Wave Theory）是股票技术分析的一种理论。认为市场走势不断重复一种模式，每一周期由5个上升浪和3个下跌浪组成。

　　艾略特波浪理论将不同规模的趋势分成九大类，最长的超大循环波(Grand Supercycle)是横跨200年的超大型周期，而次微波(Subminuette)则只覆盖数小时之内的走势。

　　但无论趋势的规模如何，每一周期由8个波浪构成这一点是不变的，如下图一。

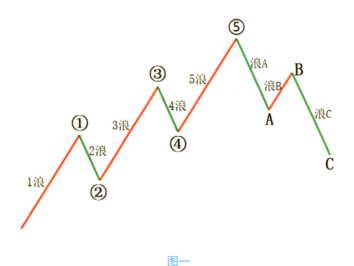

图一

但是在实际的股票走势中，往往不是按照艾略特的八浪走势走的，尤其是中国股市，大多数不是如此，这样就给大多数学习波浪理论的投资者带来很多困惑和亏损，如下图二。

图二

在图二中，贵州茅台这只股票，一直在上涨，走出了不是5

浪上涨，而是已经走出了第 9 浪上涨，依然还在上涨。这就很难用波浪理论解释了。如果是在上涨第 5 浪结束时，在 200 元左右卖掉，那后面 5 倍的上涨和我们就没有太大关系了。当然还有很多没有上涨到 5 浪就调整了，如果我们一直持有等待第 5 浪的出现，那就亏损严重了，如下图三。

思考

为什么波浪理论在实际运用中有时候效果不佳呢？

图三

在图三中，力帆股份走了 3 浪上涨以后，没有走第 5 浪上涨，就从最高 9.65 跌到了 3.7，如果我们还在等上涨第 5 浪的出现，就会出现 61.6% 的深度套牢。

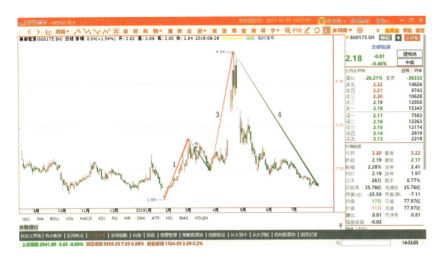

图四

在图四中，美都能源从 1.88 止跌，走了 3 浪上涨以后，没有走第 5 浪上涨，就从最高 4.94 跌到了 2.18，如果我们还在等第 5 浪上涨的出现，就会出现 55.87% 的深度套牢。

上面所有的问题都可以通过我下面详细讲解的结构移动定律来解决，大家继续往下学习，会有一种豁然开朗的感觉。

一、空间预测量化结构

本人之前研究经典理论，炒股也是经常习惯用波浪理论，发现最后经常亏损严重，所以开始研究左侧交易量化策略，发现只有把结构量化了才能更加精准的把握股价移动规律，接下来我就重点讲解股价的结构移动定律。要想理解量化的股价结构移动定律，先回顾一下之前讲的空间预测------两点预测。

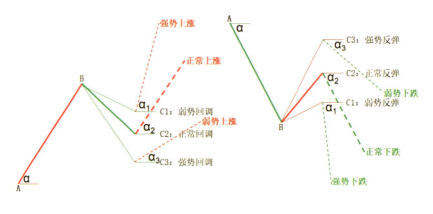

图五

图五是我们在之前讲的空间预测，两点预测买入和两点预测卖出模型，根据这个模型我们可以量化结构移动规律。

股市宇论结构的量化定律：

先看图五第一个模型，上涨回调买入模型。在上涨回调买入模型中，如果股价所在结构的回调走势中，走正常回调，回调到 C2 的位置，未来股价上涨的走势会和起始段 AB 上涨走势一样，上涨角度 α_2 会和起始段 AB 上涨角度 α 一样；如果股价所在结构的回调走势中，走弱势回调，回调到 C1 的位置，未来股价上涨的走势会强于起始段 AB 上涨走势，上涨角度 α_1 会大于起始段 AB 上涨角度 α；如果股价所在结构的回调走势中，走强势回调，回调到 C3 的位置，未来股价上涨的走势会弱于起始段 AB 上涨走势，上涨角度 α_3 会小于起始段 AB 上涨角度 α，此时上涨如果不能创出 B 点价格的新高，市场就要发生结构性反转了。

再看图五第二个模型，下跌反弹卖出模型。在下跌反弹卖出模型中，如果股价所在结构的反弹走势中，走正常反弹，反弹到

C2 的位置，未来股价下跌的走势会和起始段 AB 下跌走势一样，下跌角度 α_2 会和起始段 AB 下跌角度 α 一样；如果股价所在结构的反弹走势中，走弱势反弹，反弹到 C1 的位置，未来股价下跌的走势会强于起始段 AB 下跌走势，下跌角度 α_1 会大于起始段 AB 下跌角度 α；如果股价所在结构的反弹走势中，走强势反弹，反弹到 C3 的位置，未来股价下跌的走势会弱于起始段 AB 下跌走势，下跌角度 α_3 会小于起始段 AB 下跌角度 α，此时下跌如果不能创出 B 点价格的新低，市场就要发生结构性反转了。

结构的量化定律实战案例

图六

图六是上涨回调模型走势图。

图六①是弱势回调走势，刚好回调到 C1 目标位置附近，后期出现了股价强势上涨走势，上涨的力度远远强于起始段 AB 的上涨力度。

图六②是正常回调走势，刚好回调到 C2 目标位置附近，后

期出现了股价正常上涨走势，上涨的力度和起始段 AB 的上涨力度几乎相同。

图六③是强势回调走势，刚好回调到 C3 目标位置附近，后期出现了股价弱势上涨走势，上涨的力度远远小于起始段 AB 的上涨力度。

图七

图七是下跌反弹模型走势图。

图七中①是弱势反弹走势，刚好反弹到 C1 目标位置附近，后期出现了股价强势下跌走势，下跌的力度远远强于起始段 AB 的下跌力度。

图七中②是正常反弹走势，刚好反弹到 C2 目标位置附近，后期出现了股价正常下跌走势，下跌的力度和起始段 AB 的下跌力度几乎相同。

图七中③是强势反弹走势，刚好反弹到 C3 目标位置附近，后期出现了股价弱势下跌走势，下跌的力度远远小于起始段 AB 的下跌力度。

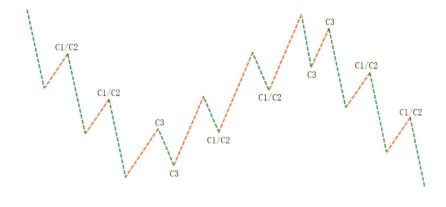

图八

在图八中，根据空间预测的量化模型，可以把股市结构移动走势直接量化，通过空间预测的量化标准，直接把结构什么时候反转量化了，形成了一个结构移动的量化标准，而不是机械性的五浪反转，也不是机械性的和波浪理论一样的股市结构循环周期五浪上涨、三浪下跌。因为市场经常走六浪上涨、七浪上涨、八浪上涨或者像贵州茅台那样走出了十浪以上的上涨，下跌也经常走四浪下跌、五浪下跌、六浪下跌或者更多浪的下跌。但是有了量化的标准以后就解决了这些问题，接下来我们讲一下结构的移动定律。

股市宇论结构移动定律：（看图八）

（1）在下跌结构中，股价每一波段的反弹，只要不反弹到C3目标位，股价的下跌结构不会发生改变。

（2）在上涨结构中，股价每一波段的回调，只要不回调到C3 目标位，股价的上涨结构不会发生改变。

（3）在下跌结构中，股价某一波段反弹到了 C3 目标位，再跌回来，跌到 C1、C2 或 C3 任何一个位置附近，当然大多数情况下会跌到 C3 位置附近，但是只要不创新低，股价的结构就会发生反转。

（4）在上涨结构中，股价某一波段回调到了 C3 目标位，再涨回来，涨到 C1、C2 或 C3 任何一个位置附近，当然大多数情况下会涨到 C3 位置附近，但是只要不创新高，股价的结构就会发生反转。

（5）C3 的位置大多数情况下出现在底部或顶部区域。

结构移动定律实战案例

图九

图九是潞安环能 2017 年 9 月 6 日到 2018 年 3 月 23 日走势

图，从左到右，反①是股价第一次下跌后发生的第一次反弹，在反弹①的位置，股价刚好反弹到 C1 位置附近，之后股价出现加速下跌并创出新低；反②是股价第二次下跌后发生的第二次反弹，在反弹②的位置，股价刚好反弹到 C2 位置附近，之后股价出现同步下跌并创出新低；反③是股价第三次下跌后发生的第三次反弹，在反弹③的位置，股价刚好反弹到 C3 位置附近，之后股价出现弱势下跌同时不再创出新低；回①是股价第四次下跌后发生的第一次没有创新低的下跌，所以叫第一次上涨的回调，在回调①的位置，股价刚好回调到 C3 位置附近，之后股价再也没有创出 C3 位置的新低；所以此时是下降结构发生改变的位置，是由下降趋势变成上升趋势的转折点，同时也是最佳的买入点；回②是股价第二次上涨后发生的第二次回调，在回调②的位置，股价刚好回调到 C2 位置附近，之后股价出现同步上涨并创出新高；回③是股价第三次上涨后发生的第三次回调，在回调③的位置，股价刚好回调到 C2 位置附近，之后股价出现同步上涨并创出新高；回④是股价第四次上涨后发生的第四次回调，在回调④的位置，股价刚好回调到 C3 位置附近，之后股价出现弱势上涨同时不再创出新高；反①是股价第四次回调后发生的第一次没有创新高的上涨，所以叫第一次下跌的反弹，在反弹①的位置，股价刚好反弹到 C3 位置附近，之后股价再也没有创出 C3 位置的新高；所以此时是上升结构发生改变的位置，是由上升趋势变成下降趋势的转折点，同时也是最佳的卖出点。

在股市实际走势应用中，我们不是单纯的应用结构量化定律或结构的移动定律来解决股市的买卖交易问题，我们大多数情况下都是把二者结合起来应用，这就形成了下面要讲的股市宇论的结构移动量化定律。

图十

股市宇论结构移动量化定律：

在图十中：

数字 1、2、3...... 标记的是主趋势波段；

数字①、②、③ …… 标记的是和主趋势相反方向的次趋势波段；

数字1、2、3…… 或①、②、③ …… 的颜色是红色，表示该标识的波段向上；

数字1、2、3…… 或①、②、③ …… 的颜色是绿色，表示该标识的波段向下；

绿色数字1代表的下跌的第一波，绿色数字2代表下跌的第二波，依次类推 ……

红色数字1代表的上涨的第一波，红色数字2代表上涨的第二波，依次类推 ……

绿色数字①代表的回调的第一波，绿色数字②代表回调的第二波，依次类推 ……

红色数字①代表的反弹的第一波，红色数字②代表反弹的第二波，依次类推 ……

根据空间预测量化结构模型：

在图十中，从左到右依次量化未来走势如下：

（1）1是下跌的第一波，①是1的反弹

如果①反弹到C1附近，属于弱势反弹，那么2的下跌一定会创新低并且会加速创新低的下跌，一般会跌到D3附近；

如果①反弹到C2附近，属于正常反弹，那么2的下跌就会和1的下跌一样，按照原有的趋势创出新低，一般会跌到D2附近；

（2）2是下跌的第二波，②是2的反弹

如果②反弹到C1附近，属于弱势反弹，那么3的下跌一定会创新低并且会加速创新低的下跌，一般会跌到D3附近；

如果②反弹到 C2 附近，属于正常反弹，那么 3 的下跌就会和 2 的下跌一样，按照原有的趋势创出新低，一般会跌到 D2 附近；

（3）3 是下跌的第三波，③是 3 的反弹

如果③反弹到 C3 附近，属于强势反弹，那么 4 的下跌一般就很弱了，很难创出新低，一般会跌到 C3 附近，此时下降结构就反转了，反转成上升结构了，此时是最佳买入时机。

注意：有的股票会下跌很多波，不管跌多少波，判断下跌结束的标准，就是某一波反弹到 C3，然后跌回来不创新低，下降结构就结束了，这个就是量化的标准。

（4）1 是上涨的第一波，①是 1 的回调

如果①回调到 C1 附近，属于弱势回调，那么 2 的上涨一定会创新高并且会加速创新高的上涨，一般会涨到 D3 附近；

如果①回调到 C2 附近，属于正常回调，那么 2 的上涨就会和 1 的上涨一样，按照原有的趋势创出新高，一般会涨到 D2 附近；

（5）2 是上涨的第二波，②是 2 的回调

如果②回调到 C1 附近，属于弱势回调，那么 3 的上涨一定会创新高并且会加速创新高的上涨，一般会涨到 D3 附近；

如果②回调到 C2 附近，属于正常回调，那么 3 的上涨就会和 2 的上涨一样，按照原有的趋势创出新高，一般会涨到 D2 附近；

（6）3 是上涨的第三波，③是 3 的回调

如果③回调到 C3 附近，那么 4 的上涨一般就很弱了，很难创出新高，一般会涨到 C3 附近，此时上升结构就反转了，反转成下降结构了，此时是最佳卖出时机。

注意：有的股票会上涨很多波，不管上涨多少波，判断上涨结束的标准，就是某一波回调到 C3，然后涨回来不创新高，上

升结构就结束了，这个就是量化的标准。

结构的移动量化定律实战案例

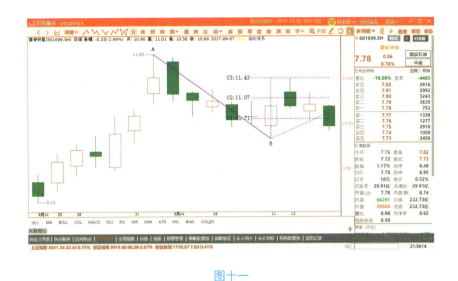

图十一

　　图十一是潞安环能 2017 年 8 月 24 日到 2017 年 9 月 14 日的走势图。2017 年 9 月 1 日，也就是最高价 11.85 那天之前，股价一直走上升趋势，不断的创出新高；从最高价 11.85 那天之后，股价跌到 B 的位置开始反弹，直到 9 月 12 日那天最高价 11.43，刚好反弹到 C3 的位置，和 C3 的价格零误差，此时股价开始下跌；根据结构的移动量化

思考

如果连 C2 都没过去，我们应该怎么操作呢？

定律，C3 过不去，股价的上升趋势就要发生反转，形成下降趋势，此时是最佳的卖出位置。

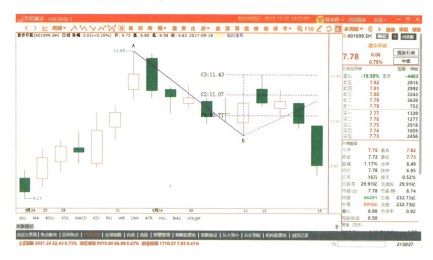

图十二

在图十二中，潞安环能在 2017 年 9 月 15 日股价创出 B 点新低。根据结构的移动量化定律，股价属于刚刚由上升趋势转变成下降趋势，第二波下跌的目标位置大概在 D1 或 D2 附近，在图十二中画三点下跌预测图，形成图十三。

图十三

在图十三中，股价第二波下跌刚好跌到了 D2 附近，后期股价会在 D2 附近止跌，并出现反弹，如下图十四。

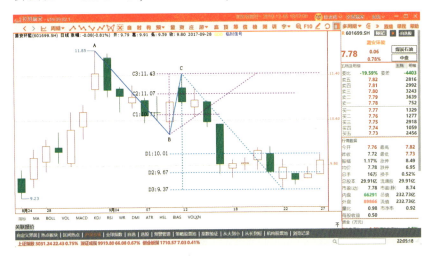

图十四

在图十四中，股价第二波下跌到 D2 附近，后期股价止跌 D2 出现反弹，用两点预测卖出功能画出反弹目标位置，形成图十五。

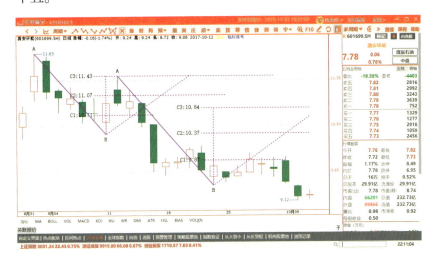

图十五

图十五是潞安环能 2017 年 8 月 31 日到 2017 年 10 月 11 日的走势图，股价在第二波反弹中，反弹到了 C1 目标位置，根据结构的移动量化定律，股价后期要加速下跌并创出新低，用三点预测买入功能画出后期下跌的目标位置，如下图十六。

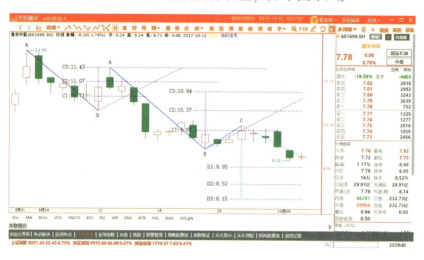

图十六

在图十六中，股价第三波下跌的目标位置是 D1 到 D3 区域，之前反弹到 C1，后期下跌一般跌到 D3，但是在实际走势中有时候也会跌到 D1 或 D2，如图十七中，这次是跌到了 D1 目标位置止跌的。

思考

为什么反弹到 C1 的时候，后期一般会跌到 D3 呢？

图十七

在图十七中，股价第三波下跌到 D1 附近，后期股价止跌出现反弹，用两点预测卖出功能画出反弹目标位置，形成图十八。

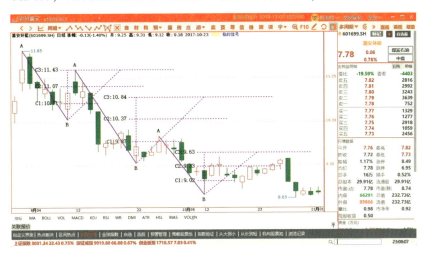

图十八

图十八是潞安环能 2017 年 8 月 31 日到 2017 年 11 月 02 日的走势图。股价在第三波反弹中，反弹到了 C2 目标位置，根据

结构的移动量化定律，股价后期要同步下跌并创出新低，用三点
预测买入功能画出后期下跌的目标位置，如下图十九。

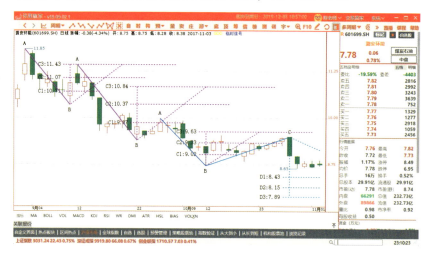

图十九

在图十九中，股价第四波下跌的目标位置是 D1 到 D3 区域，
之前反弹到 C2，后期下跌一般跌到 D2，如下图二十，股价是跌
到 D2 目标位置止跌的。

图二十

在图二十中，股价第四波下跌到 D2 附近，后期股价止跌出现反弹，用两点预测卖出功能画出反弹目标位置，形成图二十一。

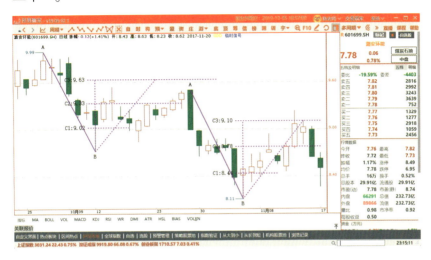

图二十一

图二十一是潞安环能 2017 年 9 月 22 日到 2017 年 11 月 17 日的走势图，股价在第四波反弹中，反弹到了 C3 目标位置，根据结构的移动量化定律，股价后期一般不再创出新低，由下跌变成了回调，一般会回调到 C3 附近。当然，如果市场走势强势也有时候会回调到 C2 或 C1，此时用两点预测买入测回调，如下图二十二。

思考

反弹到 C3 以后，在什么样的情况下后期会创出新高呢？

图二十二

在图二十二中，股价刚好回调到了 C3 目标位置，如果后期股价止跌于 C3，潞安环能的股价结构就发生反转了，由下降趋势变成了上升趋势，此时就是最佳的买入机会。

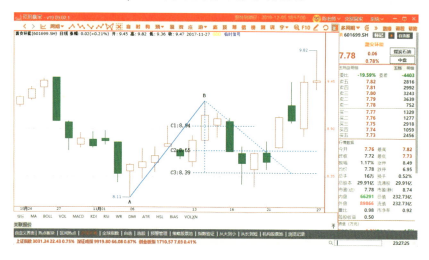

图二十三

图二十三是潞安环能 2017 年 10 月 24 日到 2017 年 11 月

27 日的走势图，股价刚好回调到了 C3 目标位置止跌，潞安环能的股价结构就发生反转了，由下降趋势变成了上升趋势，此时买入后股价创出了新高。由于股价是由下降趋势刚刚反转成上升趋势的，根据结构移动的量化定律，股价第一波的上涨往往是比较弱的，所以创出新高的目标位置一般都是在 D1 目标位置附近，此时用三点预测卖出功能测上涨目标位置，形成图二十四。

思考

如果回调到 C2 或者 C1 位置，股价的结构会发生什么走势？

在图二十四中，股价第一波上涨的目标位置是 D1 到 D3，之前回调到 C3，后期上涨一般上涨到 D1，如下图二十五，股价上涨到了 D1 目标位置滞涨。

图二十五

在图二十五中，股价第一波上涨到 D1 附近出现回调，用两点预测买入功能画出回调目标位置，形成图二十六。

图二十六

在图二十六中，股价回调到了 C2 附近，根据股价的移动量化定律，如果后期股价能止跌在 C2 附近，股价后期还要创新高的，看下图二十七。

图二十七

图二十七是潞安环能 2017 年 10 月 24 日到 2017 年 12 月 22 日的走势图，股价刚好回调到了 C2 目标位置附近止跌后股价创出了新高，此时用三点预测卖出功能测上涨目标位置，形成图二十八。

图二十八

在图二十八中，股价第二波上涨的目标位置是 D1 到 D3，之前回调到 C2 附近，后期第三波上涨一般会上涨到 D2 附近，如下图二十九，股价上涨到了 D2 目标位置滞涨。

图二十九

图二十九是潞安环能 2017 年 11 月 14 日到 2018 年 1 月 15 日的走势图，股价第二波上涨到 D2 附近出现回调，用两点预测买入功能画出回调目标位置，形成图三十。

思考

有没有可能上涨到 D1 位置开始下跌呢？原因是什么？

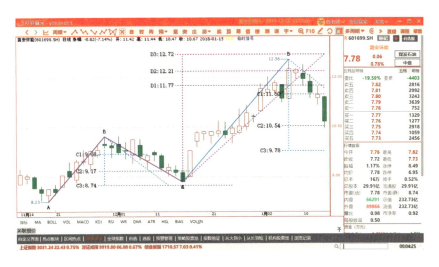

图三十

在图三十中，股价回调到了 C2 附近，根据股价的移动量化定律，如果后期股价能止跌在 C2 附近，股价后期还要创新高的，看下图三十一。

图三十一

图三十一是潞安环能 2017 年 11 月 14 日到 2018 年 2 月 5

日的走势图，股价刚好回调到了 C2 目标位置附近止跌后创出了新高，此时用三点预测卖出的功能测上涨目标位置，形成图三十二。

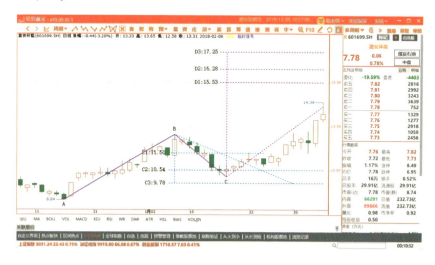

图三十二

在图三十二中，股价第三波上涨的目标位置是 D1 到 D3，之前回调到 C2 附近，后期第三波上涨一般会上涨到 D2 附近，但是市场在弱势的情况下会上涨到 D1，甚至在极其弱的情况下上涨不到 D1 就开始调整。如果出现这种情况，市场的结构大概率要反转了，反弹起来一定要清仓出来，如下图三十三。

思考

在图三十二中大概率会走哪种反弹？为什么？

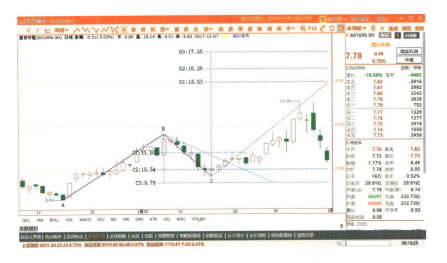

图三十三

在图三十三中，股价在没有上涨到目标位置附近就开始调整了，用两点预测买入功能画出回调目标位置，形成图三十四。

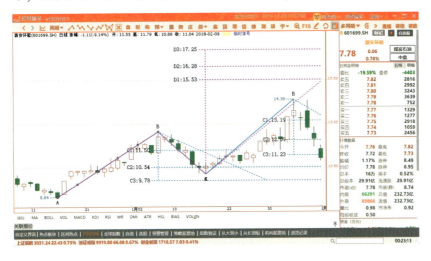

图三十四

在图三十四中，由于第三波的上涨没有上涨到 D1 目标位置，上涨比较弱后期下跌就比较强，所以股价会回调到 C3 附近，根据股价的移动量化定律，后期股价很难创新高了，所以要先测反弹目标位置，反弹 C3 位置过不去就要清仓出来了，看下图三十五。

图三十五

图三十五是潞安环能 2018 年 1 月 15 日到 2018 年 2 月 27 日的走势图，股价反弹到 C3 附近滞涨，根据股价的移动量化定律，股价的结构已经发生反转了，由上升趋势反转成下降趋势了。此时要清仓出来，后期出现了 55.75% 的下跌，如下图三十六。

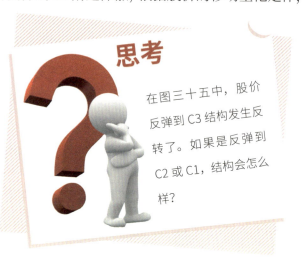

思考

在图三十五中，股价反弹到 C3 结构发生反转了。如果是反弹到 C2 或 C1，结构会怎么样？

39

图三十六

四、结构移动定律和价值区间

通过上文的案例讲解，我相信大家对结构的三大定律已有所熟悉，但是很多投资者在实际的操作过程中，对于三点预测和两点预测模型量化结构的取点，掌握的不是很好，有时候经常出错，所以接下来我们讲解怎么利用价值区间精准的取点画线量化。在左侧交易第一册中的最后章节，我们讲解了价值区间以及画线，本章节我就不会再详细讲解价值区间了，只讲解怎么利用价值区间去画线取点，怎么精准的量化结构走势。

股市宇论的下跌区间移动定律：

在下降趋势结构中，股价结构的移动规律是以相邻价值区间之间高低点的连线形成的两点或三点的量化预测结果为依据的。

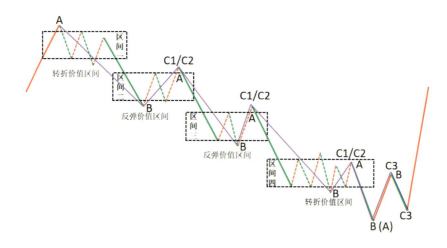

图三十七

在图三十七中：

1. 区间一、区间二、区间三和区间四依次降低，所以形成了下降结构走势。

2. 取区间一的最高点为 A 点、区间二的最低点为 B 点，用两点预测卖出功能进行量化预测，区间二最低点 B 的右侧的最高点刚好在两点预测的目标位置 C1 或 C2 附近，此时股价会继续创新低进入区间三里面。

3. 取区间二最低点 B 的右侧的最高点为新的 A 点、区间三的最低点为新的 B 点，用两点预测卖出功能进行量化预测，区间三最低点 B 的右侧的最高点刚好在两点预测的目标位置 C1 或 C2 附近，此时股价会继续创新低进入区间四里面。

4. 取区间三最低点 B 的右侧的最高点为新的 A 点、区间四的最低点为新的 B 点，用两点预测卖出功能进行量化预测，区间四最低点 B 的右侧的最高点刚好在两点预测的目标位置 C1 或 C2

附近，此时股价会继续创新低进入区间五里面，但是如果结构后期要反转了，此时就不会再有区间五出现，股价只是大幅跌破区间四以后，后期再一次回到区间四里面，形成底部转折价值区间。

5. 取区间四最低点 B 的右侧的最高点为新的 A 点、大幅跌破区间四的最低点为新的 B 点，用两点预测卖出功能进行量化预测，B 点之后再回到区间四的高点刚好在两点预测的目标位置 C3 附近，此时如果股价再跌回来不创新低，刚好跌到以最低点 B 为新的 A 点、反弹 C3 位置为新的 B 点，用两点预测买入功能进行量化预测的 C3 位置附近，股价的结构就发生改变了，此时股价会进入下一个区间五，区间五就会在区间四的上方。

结构下跌区间移动定律实战案例

图三十八

图三十八是东方通信 2017 年 8 月 21 日到 2018 年 11 月 28 日走势图。接下来我们详细讲解怎么利用结构移动定律和价值区间来买到该股票的起爆点。

图三十九

　　图三十九是东方通信 2017 年 6 月 16 日到 2018 年 1 月 25 日走势图，从左到右，我们取第一个价值区间的最低点作为 A 点，取第二个价值区间的最高点作为 B 点，用两点预测买入功能进行

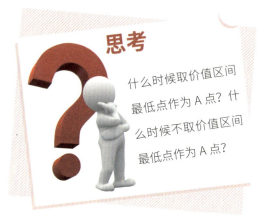

思考

什么时候取价值区间最低点作为 A 点？什么时候不取价值区间最低点作为 A 点？

量化预测，此时第二个区间的最低点刚好回调到 C3 目标位置附近。我们再取第二个价值区间最高点作为新的 A 点，取第二个价值区间最低点作为新的 B 点，用两点预测卖出功能进

行量化预测，如果后期股价反弹不到 C3 目标位置附近，股价就会继续创新低进入下一个区间，图中的第二个区间就变成了顶部转折价值区间，如下图四十。

图四十是东方通信 2017 年 9 月 11 日到 2018 年 5 月 23 日走势图，从左到右，我们取第一个价值区间的最低点右侧的最高点作为 A 点，取第二个价值区间的最低点作为 B 点，用两点预测卖出功能进行量化预测，此时第二个区间的最高点刚好反弹到 C2 目标位置附近。如果后期股价反弹不到 C3 目标位置附近，股价就会继续创新低进入下一个区间，如下图四十一。

图四十一

　　图四十一是东方通信 2018 年 2 月 12 日到 2018 年 9 月 4 日走势图，从左到右，我们取第一个价值区间的最低点右侧的最高点作为 A 点，取第二个价值区间的最低点作为 B 点，用两点预测卖出功能进行量化预测，此时第二个区间的最高点刚好反弹到 C2 目标位置附近。如果后期股价反弹不到 C3 目标位置附近，股价就会继续创新低进入下一个区间，如下图四十二。

思考

在目前走势中能不能参与股票的买卖交易？为什么？

图四十二

思考

如果此时股价反弹到C3位置开始下跌，最后创出了新低，我们该怎么操作？

图四十二是东方通信 2018 年 6 月 7 日 到 2018 年 11 月 19 日走势图，从左到右，我们取价值区间的最低点右侧的最高点作为 A 点，取大幅跌破区间的最低点作为 B 点，用两点预测卖出功能进行量化预测，B 点之后再回到区间的高点刚好在两点预测的目标位置 C3 附近，此时如果股价再跌回来不创新低，刚好跌到以最低点 B 为新的 A 点、反弹 C3 位置为新的 B 点，用两点预测买入功能进行量化预测的 C3 位置附近，股价的结构就发生改变了。如果股价上涨力量强势，后期股价会回调到 C1 或 C2 位置附近，尤其是回调到 C1 目标

第一章 结构理论

位置附近，后期股价会加速上涨，此时是最佳买入位置，如下图
四十三。

图四十三

　　图四十三是东方通信 2018 年 7 月 12 日到 2018 年 11 月 29
日走势图，从左到右，股价从 C3 位置 4.63 附近回调回来，刚
好回调到 C1 位置 4.60 附近，之后股价开始加速上涨，如下图
四十四和四十五。

思考

为什么后期股价会
加速上涨？原因是
什么？

图四十四

图四十五

　　在图四十四和四十五中，是东方通信 2017 年 9 月 5 日到 2019 年 3 月 8 日走势图。股价在 2018 年 11 月 26 日，满足反转条件以后，以 4.60 的价格买入，股价在 2019 年 3 月 8 日最高上涨到 41.82，上涨了 8 倍多。

股市宇论的上升区间移动定律:

在上升趋势结构中，股价结构的移动规律是以相邻价值区间之间高低点的连线形成的两点或三点的量化预测结果为依据的。

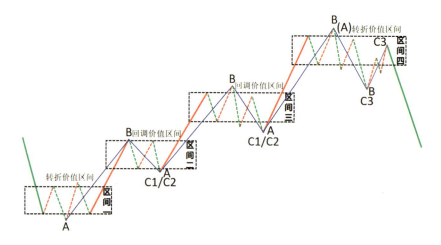

图四十六

在图四十六中：

1.区间一、区间二、区间三和区间四依次升高，所以形成了上升结构走势。

2.取区间一的最低点为 A 点、区间二的最高点为 B 点，用两点预测买入功能进行量化预测，区间二最高点 B 的右侧的最低点刚好在两点预测的目标位置 C1 或 C2 附近，此时股价会继续创新高进入区间三里面。

3.取区间二的最低点为 A 点、区间三的最高点为 B 点，用两点预测买入功能进行量化预测，区间三最高点 B 的右侧的最低点刚好在两点预测的目标位置 C1 或 C2 附近，此时股价会继续创新高进入区间四里面。

4. 取区间三最高点 B 的右侧的最高低为新的 A 点、区间四的最高点为新的 B 点，用两点预测买入功能进行量化预测，区间四最高点 B 的右侧最低点刚好在两点预测的目标位置 C3 附近，此时股价再反弹起来很难创出新高了。

5. 取区间四最高点 B 作为新的 A 点，取之后大幅跌破区间四的最低点，也就是 C3 附近低点作为新的 B 点，用两点预测卖出功能进行量化预测，B 点之后再回到区间四的高点刚好在两点预测的目标位置 C3 附近，并且不再突破 C3 位置，此时股价的结构就发生改变了，股价会进入下一个区间五，区间五就会在区间四的下方。

结构下跌区间移动定律实战案例

图四十七

图四十七是寒锐钴业 2017 年 3 月 6 日到 2018 年 7 月 5 日走势图，接下来我们详细讲解怎么利用结构移动定律和价值区间卖到该股票开始暴跌的位置。

图四十八

　　图四十八是寒锐钴业 2017 年 3 月 6 日到 2017 年 6 月 13 日走势图，从左到右，由于是次新股，我们取价值区间的最低点作为 A 点，取价值区间的最高点作为 B 点，用两点预测买入功能进行量化预测，价值区间最高点 B 之后的最低点跌到 C1 附近，之后股价继续上涨，股价就会继续创新高进入下一个区间，如下图四十九。

思考

这次股价为什么没回到 C1？原因是什么？

图四十九

图四十九是寒锐钴业 2017 年 3 月 6 日到 2017 年 8 月 17 日
走势图，从左到右，我们取第一个价值区间的最高点右侧的最低
点作为 A 点，取第二个价值区间的最高点作为 B 点，用两点预
测买入功能进行量化预测，此时第二个区间的最高点之后的低点
刚好回调到 C2 目标位置附近，如果后期股价回调不到 C3 目标
位置附近，股价就会继续创新高进入下一个区间，如下图五十。

思考

如果股价回调到 C3
目标位置，后期股价
会怎么走？会有几种
走势？

第一章 结构理论

图五十

图五十是寒锐钴业 2017 年 6 月 26 日到 2017 年 10 月 19 日
走势图，从左到右，我们取第一个价值区间的最高点右侧的最低
点作为 A 点，取第二个价值区间的最高点作为 B 点，用两点预测
买入功能进行量化预测，此时第二个区间的最高点之后的低点刚
好回调到 C1 目标位置附近，如果后期股价回调不到 C3 目标位
置附近，股价就会继续创新高进入下一个区间，如下图五十一。

思考

这次 A 点为什么取
的不是价值区间的
最低点呢？

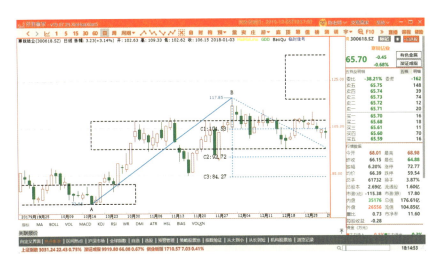

图五十一

图五十一是寒锐钴业 2017 年 9 月 19 日到 2018 年 1 月 2 日走势图，从左到右，我们取第一个价值区间的最高点右侧的最低点作为 A 点，取第二个价值区间的最高点作为 B 点，用两点预测买入功能进行量化预测，此时第二个区间的最高点之后的低点刚好回调到 C1 和 C2 目标之间位置附近，如果后期股价回调不到 C3 目标位置附近，股价就会继续创新高进入下一个区间，如下图五十二。

思考

在目前的结构走势中，能不能交易？如果能，在什么位置买最合适？

图五十二

　　图五十二是寒锐钴业 2017 年 11 月 28 日到 2018 年 4 月 24 日走势图，从左到右，我们取第一个价值区间的最高点右侧的最低点作为 A 点，取第二个价值区间的最高点作为 B 点，用两点预测买入功能进行量化预测，此时第二个区间的最高点之后的低点刚好回调到 C3 目标位置附近，此时属于强势回调。如果后期取第二价值区间最高点作为 A 点，取最高点之后的低点作为 B 点，用两点预测卖出功能进行量化预测，之后股价反弹如果不能突破 C3 位置，股价的结构就发生改变了。如果股价下跌力量强势，后期股价会反弹到 C1 或 C2 位置附近，尤其是反弹到 C1 目标位置附近，股价后期会加速下跌，此时是最佳买入位置，如下图五十三。

图五十三

图五十三是寒锐钴业 2017 年 12 月 15 日到 2018 年 6 月 22 日走势图，从左到右，股价从 C3 位置 110.31 附近反弹回来，刚好反弹到 C2 位置 122.92 附近，之后股价开始加速下跌，如下图五十四和五十五。

图五十四

图五十五

图五十四和五十五是寒锐钴业 2017 年 3 月 6 日到 2019 年 2 月 11 日走势图，股价在 2018 年 4 月 25 日满足结构反转条件以后，以 122.92 的价格卖出，股价在 2019 年 2 月 1 日，最高下跌到 41.79，下跌 72.5%。

思考

此时股价跌到什么位置我们才可以参与交易？结构会发生什么样的改变？为什么？

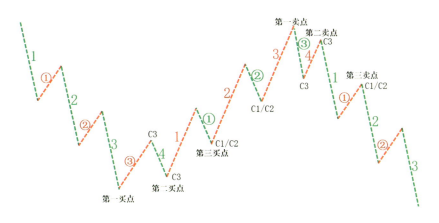

图五十六

股市宇论结构三买三卖定律：

第一买点：股价在下降结构中形成的最后一个低点。

第二买点：股价由下降结构改变成上升结构后的第一次回调低点。

第三买点：股价形成上升结构后的第二次回调低点。

第一卖点：股价在上升结构中形成的最后一个高点。

第二卖点：股价由上升结构改变成下降结构后的第一次反弹高点。

第三卖点：股价形成下降结构后的第二次反弹高点。

第一买点：这个买点是在下降结构中形成的，一般不是我们散户能买到的，主要是机构主力建仓的时候形成的。这个买点可以用下跌三点买入计算，但是我不建议我们散户投资者在这个买点买入，因为上升结构没有走出来之前，我们很可能买完以后，还会有下一波的下跌，而机构和主力不一样，他们可以利用资金优势让第一买点成为真正的第一买点。

第二买点：这个买点是结构刚刚发生反转的时候形成的，也是上升结构确立的反转点，是我们散户最佳的买点，当然这个买点形成以后，后期的市场上涨还不是很强，因为是刚刚由下降结构翻转成上升结构的，所以一开始上涨的力量还是比较弱的。

第三买点：这个买点往往是在上升结构确立以后，出现的第一次回调形成的，这次回调结束以后，后期市场容易加速上涨，所以这个买点是资金利用率最高的买点。

第一卖点：这个卖点是在上升结构中形成的，主要是机构主力出货的时候形成的，一般不是我们散户能卖到的，当然我们可以减仓。这个卖点可以用上涨三点卖出计算，但是我不建议我们散户投资者在这个卖点卖出，因为下降结构没有走出来，我们很可能卖完以后，还会有下一波的上涨，而机构和主力不一样，他们大量的资金在这个位置流出市场，能让这个第一卖点成为真正的第一卖点。

第二卖点：这个卖点是结构刚刚发生翻转的时候形成的，也是下降结构确立的反转点，是我们散户最佳的卖点，当然这个卖点形成以后，后期的市场下跌还不是很强，因为是刚刚由上升结构翻转成下降结构的，所以一开始下降的力量还是比较弱的，但是这个卖点一定是我们散户全仓出来的最佳卖点。

第三卖点：这个卖点往往是在上升结构确立以后出现的第一次反弹形成的，这次反弹结束以后，后期市场容易加速下跌，所以这个卖点是我们散户的最后逃命机会。

股市宇论结构三买三卖定律实战案例

图五十六

图五十六是潞安环能 2017 年 8 月 23 日到 2018 年 3 月 27 日走势图，接下来我们详细讲解怎么利用三买三卖对这只股票在这个时间段里进行买卖操作的。

图五十七

第一章　结构理论

图五十七是潞安环能 2017 年 8 月 23 日到 2017 年 11 月 7日走势图，一开始潞安环能是走上升结构的，直到从最高 11.85跌下来以后出现第一次反弹，反弹到 C3:11.43 位置，股价没有继续创出新高，此时标志着上升结构结束，下降结构开始，接下来首先走出第一波下跌。

如图中绿色预测线，我们用第一波下跌的幅度，根据下跌三点预测买入计算出第二波下跌的目标位置 D1: 8.95、D2:8.52、D3: 8.15，最终在 2017 年 10 月 12 日，第 2 波下跌在D1:8.95 附近止跌，这一天可以看做第一买点，机构主力可以买入，散户是不能买入的；如果散户在这天买入了，股价后期可能一波小反弹后，继续创出新低，走出了第三波下跌走势。如果是机构主力买入了，机构主力利用其强大的资金优势，完全可以让股价在此处止跌，形成上升结构，此时第一买点形成。当然如果机构没有介入，或者介入资金比较少，或者机构主力在此时希望股价再往下跌一跌、洗一洗盘，再去低位接廉价筹码，此时第一买点就会失败，股价继续走第三波下跌，在第三波最低点形成第一买点。

如图中蓝色预测线，我们继续利用第二波下跌的幅度，根据下跌三点预测买入计算出第三波下跌的目标位置 D1: 8.43、D2: 8.15、D3: 7.89，最终在 2017 年 11 月 6 日，第 3 波下跌在 D2:8.15 附近止跌，这一天同样可以看做第一买点，机构主力可以买入，散户同样不能买入；如果散户买了，没有大量机构主力资金介入，股价很有可能走第四波下跌，在第四波最低点形成第一买点。

第一买点什么时候形成，其实主要是看第二买点什么时候形成，第二买点的形成确立了第一买点的形成。但是很多投机的读者此时就会想，我们可以通过三点预测计算出那么精确的买入点，买完以后等反弹卖出，不管后期是不是创新低，反正是赚钱了，这样的想法是错误的，我们要在上升结构买入，即便是买点错了，短期被套了，但是毕竟是上升结构后期很容易解套的，如果是在下降结构买股票，如果是买点错了或者是买点对了卖点错了，被套了，那么后期就很难有解套的机会了，所以风险控制很重要。

图五十八

　　图五十八是潞安环能 2017 年 9 月 26 日到 2017 年 11 月 28 日走势图，股价在走完第三波下跌以后，由于机构主力资金的介入，让股价在第三波下跌以后出现强势反弹，反弹到 C3 目标位置，后期股价再跌回来不创新低就是第二买点，一般情况下往往这次的下跌会在第三目标位置 C3 止跌。

　　如图中紫色预测线，我们利用第三波下跌的空间，根据下跌反弹的两点预测卖出计算出第三波反弹的目标位置 C1：8.44、C2：8.78、C3：9.10，最终在 2017 年 11 月 14 日第 3 波反弹到 C3:9.10 附近止跌，根据股市宇论的结构移动定律，此时股价强势反弹，大概率要翻转了。

如图绿色预测线，我们利用第三波反弹的空间，根据上涨回调的两点预测买入计算出第 4 波回调的目标位置 C1：8.94、C2：8.65、C3：8.39，在 2017 年

思考

有没有股票跌到 C2 或 C1 止跌？为什么？

11 月 17 日第 4 波回调到 C3:8.39 附近止跌，根据股市宇论的结构移动定律，此时股价翻转了，由下降结构翻转成上升结构，此时第二买点形成，同时也确立了第一买点的位置，这一天是散户的最佳买入点。当然有的时候前期虽然反弹到 C3 了，但是第 4 波也要创新低，走出第 5 波的下跌，此时继续等待第二买入点的出现。

图五十九

图五十九是潞安环能 2017 年 10 月 31 日到 2018 年 1 月 2 日走势图，股价在走出由下降结构翻转成上升结构以后，如果我们第二买点错过了，我们就可以在第三买点买入，第三买点之后股价往往会加速上涨。

如图中蓝色预测线，在第二买点之后，股价走出了第一波上涨，第一波上涨结束以后股价会出现回调，我们利用第一波上涨的空间，根据回调的两点预测买入计算出第一波回调的目标位置

思考

为什么第二波上涨比第一波上涨力度强?

第一章 结构理论

C1：9.68、C2：9.17、C3：8.74，最终在 2017 年 12 月 15 日第
一波回调在 C2:9.17 附近止跌，这一天第三买点形成，后期市场
会出现第二波的加速上涨。

图六十

　　图六十是潞安环能 2017 年 11 月 16 日到 2018 年 3 月 23 日
走势图，股价在第三买点之后走出了第二波的加速上涨，之后又
走出了第三波上涨。同样第一卖点是我们散户很难卖出的点，因
为没有第二卖出点的确认，我们很难知道哪个是第一卖出点，直
到股价在 2018 年 2 月 26 日反弹到 C3 目标位置滞涨，根据股市
宇论结构移动定律，此时结构发生翻转，由上升结构翻转成下降
结构，此时是我们散户清仓的最佳时机，当然机构往往在第一卖
出点就开始出货了，一般到第二卖出点机构基本快出完货了。当
然如果我们在第二卖出点没有卖出，第三卖出点是我们最后逃命
的机会，因为股价后期往往会加速下跌。

在股市中我们散户一般有三种交易方法：

第一种是中长线，我们没有时间天天看盘，我们就在第二买点买入，在第二卖点卖出。

第二种是短线波段操作，在上升结构中按照预测买卖点波段操作，这样收益最高，但是对交易水平要求就比较高了。

第三是长短结合，我们用 1/3 资金做中长线，从第二买点买入到第二卖点卖出；用 2/3 资金同样在这只股票上按照预测买卖点进行波段操作，这样我们就把自己买的股票成本降得很低很低，甚至比机构都低，那我们就是股市赢家了。

我自己更倾向于第三种，当然你如果没有时间，交易水平一般，就用第一种方式进行交易。理论上第二种交易方式比第三种收益高，但是没有底仓我们很难严格按照预测买卖进行交易。

小结

本节重点讲解了结构的量化移动定律。它在实战交易当中尤为重要，可以演化出各种各样的结构走势。同时它也是整个股市宇论左侧交易的基石，没有结构移动量化定律，其它单纯的交易原则就变得没有价值了，所以本节也是提升交易能力的基本功，希望广大读者认真学习理解。

第二节结构的分解定律

结构的分解定律是在结构移动定律基础上的升华，为了让买卖点更加的精准，我们要研究结构每一波更小的单元，也就是把每一波上涨或下跌进行分解，找出股市更小单元的规律，以便更加精准的把握买卖点。

一、 **股市宇论结构分解定理及推导过程**

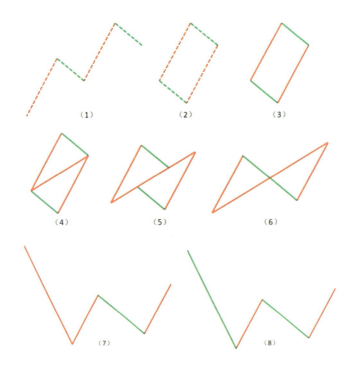

图一

图一是股市宇论结构分解定律的推导过程。在图一中，（1）是上升走势图，由两波上涨和两波下跌组成的，把（1）的第一波上涨向右上方平移和第二波下跌向左上方平移，形成平行四边形，也就是（2）；把（2）四条边虚线改成实线形成（3）；把（3）沿对角线画一条线形成（4），（4）是由两个三角形组成的平行四边形；把（4）右下角的三角形向右上方平移一半形成（5）；把（5）右下方的三角形继续向右上方平移形成（6）；把（6）中连接两个三角形的最长的向右上方的线段在固定其左下方的点不动的情况下，把其右上方的点以圆弧形向左打开形成（7）；把（7）中向下的线段改成绿色，向上的线段改成红色形成（8）。

在图一（6）中，我们可以确定一波上涨是由其次级别的两波上涨组成的，也可以定义为一波上涨是由其次级别的两波上涨组成的。

在图一（8）中，我们可以确定一波下跌会引发其未来次级别两波上涨。

同理，如果用两波下跌和两波反弹组成的下降走势图去推导，很容易也能推导出：（6）一波下跌是由其次级别的两波上涨组成的；（8）一波上涨会引发其未来次级别两波下跌。由上述推导过程可以得出股市宇论的结构分解定律如下。

股市宇论的结构分解定律：

（1）一波上涨会引发其次级别两波下跌。

（2）一波下跌会引发其次级别两波上涨。

（3）一波上涨由其次级别的两波上涨组成。

（4）一波下跌由其次级别的两波下跌组成。

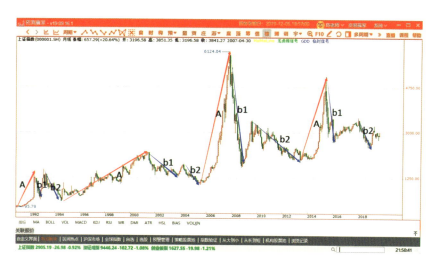

图二

　　图二是上证指数从 1990 年 12 月 19 日到 2019 年 9 月 30 日月线走势图，根据股市宇论的结构分解定律，一波上涨会引发其次级别两波下跌。

　　第一波主级别 A 是从 1990 年 12 月 19 日上涨到 1992 年 5 月 29 日，之后出现了两波次级别的 b1 和 b2 的下跌。

　　第二波主级别 A 是从 1994 年 7 月 29 日上涨到 2001 年 6 月 29 日，之后出现了两波次级别的 b1 和 b2 的下跌。

　　第三波主级别 A 是从 2005 年 6 月 29 日上涨到 2007 年 10 月 31 日，之后出现了两波次级别的 b1 和 b2 的下跌。

　　第四波主级别 A 是从 2013 年 6 月 28 日上涨到 2015 年 6 月 30 日，之后出现了两波次级别的 b1 和 b2 的下跌。

　　注意：b1、b2 加起来和 A 是一个级别，一般 b2 会创 b1 的新低，如果 b2 不创 b1 的新低，那么 b2 下跌的时间就会加长，用时间换空间。在上证指数月线走势图中一共四波大级别的上涨，只有第三组出现了 b2 没有创 b1 的新低，所以 b2 跌了三年多近四年的时间，用时间换空间了。其他三组 b2 都创了 b1 新低，所以 b2 和 b1 的下跌时间差不多相同。

图三

图三是上证指数从 2018 年 1 月 9 日到 2019 年 2 月 5 日月线走势图，根据股市宇论的结构分解定律，一波下跌会引发其次级别两波上涨。

第一波主级别 A 是从 2018 年 1 月 29 日下跌到 2018 年 2 月 9 日，之后出现了两波次级别的 b1 和 b2 的上涨。

第二波主级别 A 是从 2018 年 3 月 12 日下跌到 2018 年 3 月 26 日，之后出现了两波次级别的 b1 和 b2 的上涨。

第三波主级别 A 是从 2018 年 5 月 21 日下跌到 2018 年 7 月 6 日，之后出现了两波次级别的 b1 和 b2 的上涨。

第四波主级别 A 是从 2018 年 7 月 26 日下跌到 2018 年 8 月

20 日，之后出现了两波次级别的 b1 和 b2 的上涨。

　　第五波主级别 A 是从 2018 年 9 月 26 日下跌到 2018 年 10 月 19 日，之后出现了两波次级别的 b1 和 b2 的上涨。

　　第六波主级别 A 是从 2018 年 11 月 19 日下跌到 2019 年 1 月 4 日，之后出现了两波次级别的 b1 和 b2 的上涨。

　　注意：b1、b2 加起来和 A 是一个级别，一般 b2 会创 b1 的新高，如果 b2 不创 b1 的新高，那么 b2 上涨的时间就会加长，用时间换空间，在图三中一共有六波大级别的下跌，其 b2 都创了 b1 新高，所以 b2 和 b1 的上涨时间差不多相同。

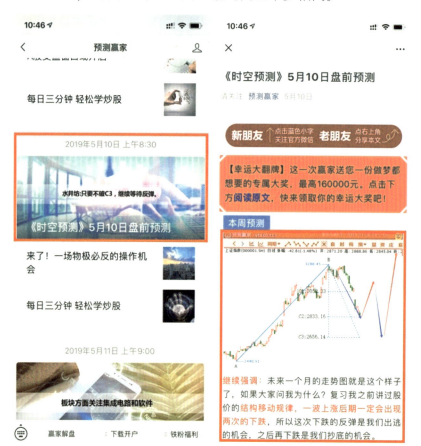

图四

图四是笔者在预测赢家公众号 2019 年 5 月 10 发的文章，上证指数在 2019 年 4 月 8 日开始第一波下跌的时候，我就预测未来市场的走势会有两波下跌，而且这张图在公众号中持续放了一个多月，结果市场后期的走势几乎和我预测的一模一样，看下图五上证指数的真实走势图，读者也可以打开预测赢家公众号进行验证和查看。

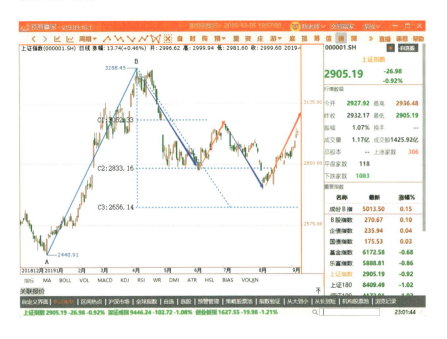

图五

图六是上证指数 2019 年 3 月 20 日到 2019 年 9 月 30 日走势图，根据股市宇论的结构分解定律，一波下跌会引发其次级别两波上涨，一波上涨会引发其次级别两波下跌。

图六

Z1 的下跌会引发其次级别 H4 和 H6 的两波上涨，H4 和 H6 组成 Z2，Z1 和 Z2 同一级别。

H1 的下跌会引发其次级别 L1 和 L2 的两波上涨，L1 和 L2 组成 H2，H1 和 H2 同一级别。

H2 的上涨会引发其次级别 L3 和 L4 的两波下跌，L3 和 L4 组成 H3，H2 和 H3 同一级别。

H3 的下跌会引发其次级别 L5 和 L6 的两波上涨，L5 和 L6 组成 H4，H3 和 H4 同一级别。

H4 的上涨会引发其次级别 L7 和 L8 的两波下跌，L7 和 L8 组成 H5，H4 和 H5 同一级别。

H5 的下跌会引发其次级别 L9 和 L10 的两波上涨，L9 和 L10 组成 H6，H5 和 H6 同一级别。

根据股市宇论的结构分解定律，上涨指数 2019 年 9 月 30 日之后的走势我们就提前预测出来了，读者可以用以后的走势图进行验证。

图七

图七是上证指数 2018 年 12 月 25 日到 2019 年 4 月 16 日走势图，根据股市宇论的结构分解定律，一波下跌会引发其次级别两波上涨，一波上涨会引发其次级别两波下跌，结合空间预测模型，可以精准的把未来走势图画出来。先在图七中根据一波上涨未来会出现两波下跌，把未来的两波下跌的 H1 和 H3 走势画出来，如图八。

思考

为什么可以把上证指数未来的走势画出来？个股也能画出来吗？

图八

在图八中，根据上涨回调两点预测，先把未来下跌的第一波 H1 的目标位置计算出来，然后在图中标记一下，形成图九。

图九

在图九中，以正常回调位 2833.16 点位预测目标位画点连线，形成第一波下跌 H1，然后以 H1 计算未来的两波上涨 L1 和 L2，形成图十。

在图十中，用第一波下跌的 H1 计算未来的两波上涨 L1 和 L2，计算出的 L1 和 L2 的高度分别是 2933.85 点和 3047.58 点形成图十一。

图十一

在图十一中，根据股市宇论的结构分解定律，一波上涨会引发其次级别两波下跌，用 H2 计算未来的第一波下跌 L3，用 H2 的上涨回调预测模型画预测线计算，形成图十二。

图十二

在图十二中，以强势回调位 C3：2879.22 点作为第一波下跌的 L3 的低点，然后再以 L3 做反弹预测，形成图十三。

图十三

在图十三中，以第一波下跌的 L3 用两点预测计算反弹的目标位置，用正常 C2：2962.88 点作为反弹高点，根据股市宇论的结构分解定律，一波上涨会引发其未来次级别两波下跌，已知 L3 是 H2 的第一波下跌，用 L3 计算 H2 未来的第二波下跌 L4，用下跌三点预测模型画预测线计算第二波 L4 的下跌目标位置，形成图十四。

思考

L3 和 H2 哪个级别高？L3 是 H2 的次级别吗？

图十四

在图十四中，取 D3：2760.36 点为 L4 的最低点，根据股市宇论的结构分解定律，一波下跌会引发其次级别两波上涨，那么 H3 的下跌会引发其未来次级别的两波上涨，用 H3 预测未

来的第一波上涨，用 H3 下跌测反弹预测模型进行计算，形成图
十五。

图十五

在图十五中，取反弹目标位置 C2：2886.92 点为 H3 之后的
第一波 L5 上涨的高点，用 L5 上涨计算其回调的目标位，形成图
十六。

图十六

在图十六中，取 C1：2859.36 点为 L5 回调的低点，根据股市宇论的结构分解定律，一波下跌会引发其次级别两波上涨，那么 H3 的下跌会引发其未来次级别的两波上涨，用 L5 去计算 H3 之后引发的第二波上涨 L6，利用 L5 画三点预测模型的预测线去计算 L6，形成图十七。

图十七

在图十七中，取 D1：3030.40 点为 L6 的高点，根据股市宇论的结构分解定律，一波上涨会引发其次级别两波下跌，那么 H4 的上涨会引发其未来次级别的两波下跌，利用 H4 用两点预测模型画预测线去计算 L7，形成图十八。

思考

L7 会跌到 C1、C2、C3 哪个目标位？为什么？

第一章 结构理论

图十八

在图十八中，取 C2：2884.29 点为 L7 的低点，把画好的回调预测线去掉形成图十九。

图十九

图十九是上证指数 2018 年 12 月 25 日到 2019 年 4 月 16 日走势图，我们根据股市宇论的结构分解定律，一波下跌会引发其

次级别两波上涨，一波上涨会引发其次级别两波下跌，结合空间预测模型，精准的画出了未来上涨指数的走势图，如果我们把未来实际的走势加上就形成了图二十。

图二十

我们把上证指数 2019 年 4 月 16 日到 2019 年 9 月 30 日日 K 线走势图复原在我们提前预测的图十九中形成图二十，惊奇的发现我们通过股市宇论结构的分解定律结合空间预测推演出来的上证指数走势和实际的走势几乎一模一样。

思考

大盘是这样，个股也是这样吗？用自己的股票去验证一下。

三、股市宇论的结构分解定律（3）和（4）实战案例

图二十一

图二十一是上证指数从 2019 年 4 月 3 日到 2019 年 9 月 30 日月线走势图，根据股市宇论的结构分解定律，一波上涨由其次级别的两波上涨组成，一波下跌由其次级别的两波下跌组成。

第一波主级别 A 是从 2019 年 4 月 8 日下跌到 2019 年 6 月 6 日，这一波的下跌是由其次级别两波下跌 a1 和 a3 以及一波上涨 a2 组成的。

第二波主级别 B 是从 2019 年 6 月 6 日上涨到 2019 年 7 月 2 日，这一波的上涨是由其次级别两波上涨 b1 和 b3 以及一波下跌 b2 组成的。

第三波主级别 C 是从 2019 年 7 月 2 日下跌到 2019 年 8 月

6 日，这一波的下跌是由其次级别两波下跌 c1 和 c3 以及一波上涨 c2 组成的。

　　第四波主级别 D 是从 2019 年 8 月 6 日上涨到 2019 年 9 月 16 日，这一波的上涨是由其次级别两波上涨 d1 和 d3 以及一波下跌 d2 组成的。

　　第五波主级别 E 是从 2019 年 9 月 16 日下跌到 2019 年 11 月中旬，这一波的下跌是由其次级别两波下跌 e1 和 e3 以及一波上涨 e2 组成的，接下来我们用实际走势去验证一下股市宇论的结构分解定律。

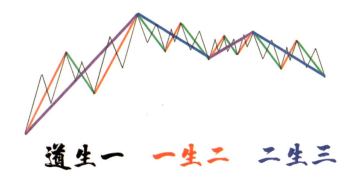

图二十二

　　图二十二是复杂的走势，通过分解定律就能变的很简单，这样我们在实际操作分析的过程中就显得简单了，尤其是运用了我们中国 2000 多年前道德经的博大精髓，道生一，一生二，二生三，三生万物！

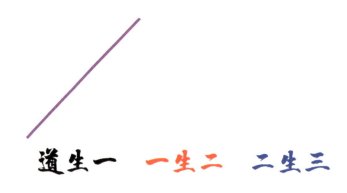

图二十三

　　图二十三是从无到有，从没有股市，到有一波上涨，这就叫道生一。

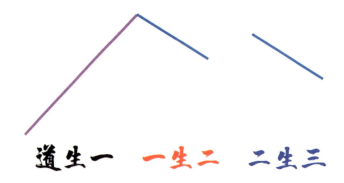

图二十四

　　在图二十四中，根据结构的分解定律，由一波上涨引发其次级别的两波下跌，所以此时已生成了二，老子的道德经可以用在世界万物各个领域，中华文明太伟大了。

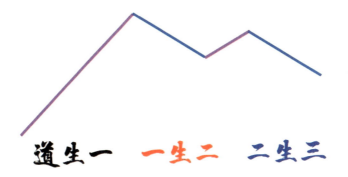

图二十五

在图二十五中，我们把两波下跌用一波上涨连接起来，此时二就生成三了。

图二十六

在图二十六中，根据结构的分解定律，一波上涨由其次级别的两波上涨组成，一波下跌由其次级别的两波下跌组成，有三就形成了图二十六。再继续分解下去就由三变成万物复杂的走势图了，形成了图二十七。

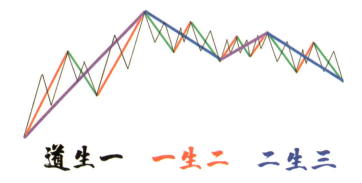

道生一　一生二　二生三

图二十七

　　在图二十七中，根据结构的分解定律，把每一波中级别的上涨和下跌波段进行分解，一波上涨由其次级别的两波上涨组成，一波下跌由其次级别的两波下跌组成，就变成万物复杂的走势图了，再把其它级别周期的线段去掉，只留下最小周期的线段，就形成了图二十八。

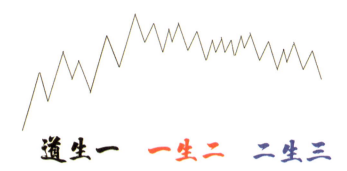

道生一　一生二　二生三

图二十八

图二十八是根据结构的分解定律，由一分解成复杂走势的走势图，当然在实战中往往都是我们先遇见了复杂的走势图，不知道该怎么分析了，此时我们倒着推，把复杂的变成简单的大波段周期走势，此时就好分析了。看下面实战案例图二十九。

思考

结构的分解定律应用在股市中有很好的效果，在期货、现货、黄金等其他市场也适合吗？

图二十九

图二十九是聚龙股份 2018 年 5 月 4 日到 2019 年 8 月 12 日

走势图，我们想知道接下来应该怎么操作是对的，是买入呢还是卖出呢或者是等待观望？根据股市宇论结构移动定律我们可以分析，如图三十。

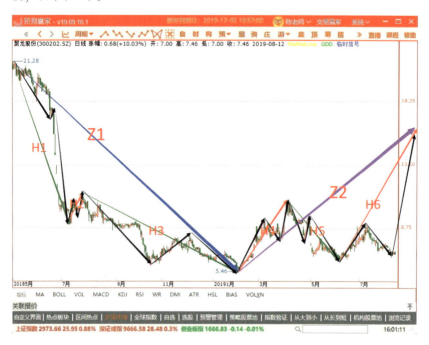

图三十

　　图三十是聚龙股份 2018 年 5 月 4 日到 2019 年 8 月 12 日走势图，根据结构的分解定律对聚龙股份的结构图进行分解发现，一波 Z1 的下跌会引发其次级别 H4 和 H6 的两波上涨，而 H4 是有两波上涨上去的，H6 也应该是由两波上涨上去，第一波上涨已经结束了，接下来开始走第二波上涨了，所以此时就是买股票的最佳时机，再结合空间预测的精准价格执行买入，如下图三十一。

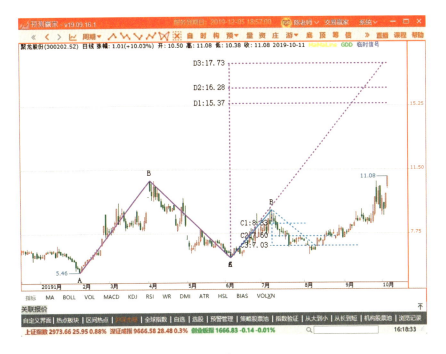

图三十一

图三十一是聚龙股份 2018 年 12 月 17 日到 2019 年 10 月
11 日走势图，结合图三十的分析，用空间预测模型进行计算，
算出来我们当时的买入价格是 7.03 元，目前的价格是 11.08，已
经盈利了 57.6%，而且未来的阶段目标位置至少是 16.28，还有
50% 的空间，继续持有。

●●●● 小结

结构的分解定律是我们结构的移动定律的升华，同时也是后
期递归理论的基础，尤其是在股票出现大涨、大跌或者走势非常
复杂的时候，我们很难用普通的分析方法进行买卖决策，此时我
们就可以利用结构分解定律给它简单化处理，从而能更好的找出
股价的运行规律，这是本节的精华，也是难点，希望我们的读者
好好研读、理解，为后期的递归打好基础。

第一章 结构理论

第三节 结构的周期定律

　　我们在前两节详细的讲解了股市宇论结构的移动定律和分解定律，接下来我们来讲解周期定律。其实周期定律要表达的就是前两节讲解的移动定律和分解定律在各个周期中应用都成立。

一、股市宇论结构的周期定律

　　结构的预测量化、结构的移动量化、结构的价值区间、结构的三买三卖、结构的分解定律适用于各个周期，如 1 分钟、5 分钟、15 分钟、30 分钟、60 分钟、日线、周线、月线、季线、半年线、年线……

思考

这些结构理论为什么适合各个周期呢？

图一

图一是上证指数 2019 年 7 月 25 日 9:45 到 2019 年 8 月 23 日 9:45 走势图，这是 15 分钟的走势图，同样也适用股市宇论结构移动定律。根据结构移动定律，第一个区间到第三个区间是走下降趋势，从第一个区间到第二个区间发生第一次反弹，反弹的目标位置是 C1 附近，说明市场反弹极弱，继续加速下跌，从第二个区间到第三个区间发生第二次反弹，反弹的目标位置是 C3 附近，说明市场反弹极强，股价再跌回来不创新低，结构就会由下降结构翻转成上升结构了，从第三个区间到第四个区间发生第

一次回调，回调的目标位置是 C3 附近，说明市场回调比较强，但是没有创新低，所以此时由下降结构反转成上升结构，是第二买入点，也是最佳买入点，买入以后股价开始走上升趋势，大幅上涨。

图二

图二是上证指数 2019 年 7 月 25 日 9:45 到 2019 年 8 月 23 日 9:45 走势图，这是 15 分钟的走势图，同样适用股市宇论的结构分解定律，一波下跌会引发其次级别两波上涨，一波上涨会引发其次级别两波下跌。

Z1 的下跌会引发其次级别 H4 和 H6 的两波上涨，H4 和 H6 组成 Z2，Z1 和 Z2 同一级别。

H3 的下跌会引发其次级别 L7 和 L9 的两波上涨，L7 和 L9

组成 H4，H3 和 H4 同一级别。

H4 的上涨会引发其次级别 L10 和 L12 的两波下跌，L10 和 L12 组成 H5，H4 和 H5 同一级别。

H5 的下跌会引发其次级别 L13 和 L15 的两波上涨，L13 和 L15 组成 H6，H5 和 H6 同一级别。

H1 和 H3 组成 Z1，H4 和 H6 组成 Z2，Z1 和 Z2 同一级别。

L1 和 L3 组成 H1，L4 和 L6 组成 H3，H1 和 H3 同一级别。

根据股市宇论的结构分解定律画出走势图，Z2 走完以后，市场就要调整了！

图三是金域医学 2017 年 9 月 8 日到 2019 年 10 月 11 日走势图，这是周线走势图，同样适用股市宇论的结构分解定律，一

波下跌会引发其次级别两波上涨，一波上涨会引发其次级别两波下跌。

Z1 的上涨会引发其次级别 H1 和 H3 的两波下跌，H1 和 H3 组成 Z2，Z1 和 Z2 同一级别。

Z2 的下跌会引发其次级别 H4 和 H6 的两波上涨，H4 和 H6 组成 Z3，Z2 和 Z3 同一级别。

H1 的下跌会引发其次级别 L4 和 L6 的两波上涨，L4 和 L6 组成 H2，H1 和 H2 同一级别。

H2 的上涨会引发其次级别 L7 和 L9 的两波下跌，L7 和 L9 组成 H3，H2 和 H3 同一级别。

H3 的下跌会引发其次级别 L10 和 L12 的两波上涨，L10 和 L12 组成 H4，H3 和 H4 同一级别。

H4 的上涨会引发其次级别 L13 和 L14 的两波下跌，L13 和 L14 组成 H5，H4 和 H5 同一级别。

H5 的下跌会引发其次级别 L15 和 L17 的两波上涨，L15 和 L17 组成 H6，H5 和 H6 同一级别。

根据股市宇论的结构分解定律画出走势图，Z3 走完以后，市场就要调整了！

思考

Z3 走完以后，市场就要调整了。市场会怎么调整？往哪里调整？

图四

　　图四是金域医学 2017 年 9 月 8 日到 2017 年 12 月 15 日周线走势图，这是周线走势图，同样适用股市宇论的结构分解定律，根据股市宇论的结构分解定律，一波下跌会引发其次级别两波上涨，一波上涨会引发其次级别两波下跌，结合空间预测模型，可以精准的把未来走势图画出来。先在图四中根据一波上涨未来会出现两波下跌，把未来的两波下跌的 H1 和 H3 走势画出来，如图五。

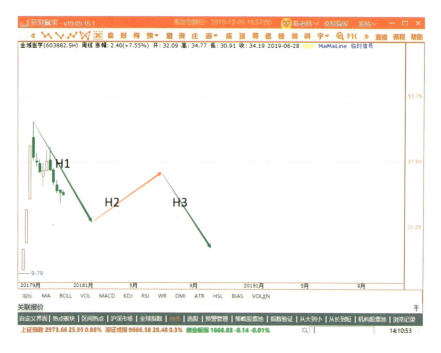

图五

　　在图五中，根据上涨回调两点预测，先把未来下跌的第一波
H1 的目标位置计算出来，然后在图中标记一下，形成图六。

思考

此处为什么用两点
回调而不是三点回
调呢?

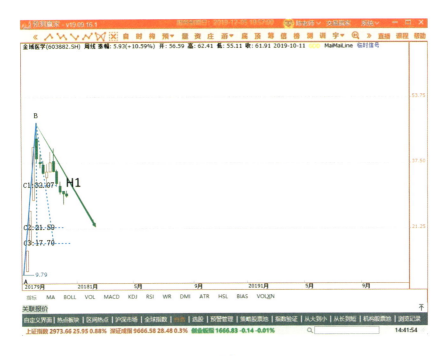

图六

在图六中，以正常回调位 21.59 点为预测目标位画点连线，形成第一波下跌 H1，然后以 H1 计算未来的两波上涨 L1 和 L2，形成图七。

思考

为什么此时计算回调用的是 C2 目标位而不是 C3 目标位呢？

图七

在图七中，取 C2：33.21 点为 H2 的最高点，根据股市宇论的结构分解定律，一波上涨会引发其次级别两波下跌，用 H1、H2 计算未来的 H3，用下跌三点预测模型画预测线计算，同时用H2 计算未来的 L3，用两点回调预测模型画预测线计算，形成图八。

图八

　　在图八中，取 D2：16.15 点分别为 H3 和 L4 的最低点，取 C3：26.00 点为 L3 的最低点，根据股市宇论的结构分解定律，一波下跌会引发其次级别两波上涨，那么 H3 的下跌会引发其未来次级别的两波上涨，用 H3 预测未来的第一波上涨 L5，用 H3 下跌测反弹预测模型进行计算，形成图九。

图九

　　在图九中，取反弹目标位置 C2：23.26 点为 H3 之后的第一
波 L5 上涨的高点，用 L5 上涨计算其回调的目标位形成图十。

思考

为什么此时不是取
C3 做为 L5 的高点
呢?

在图十中，取 C1：21.18 点为 L6 回调的低点，根据股市宇论的结构分解定律，一波下跌会引发其次级别两波上涨，那么 H3 的下跌会引发其未来次级别的两波上涨，用 L5、L6 去计算 H3 之后引发的第二波上涨 L7，利用 L5 画三点预测模型的预测线去计算 L7，形成图十一。

图十一

在图十一中，取 D3：33.04 点为 L7 的高点，根据股市宇论的结构分解定律，H1、H2、H3、H4 是同一级别，H1、H2 和 H3 组成更大级别 Z2，形成图十二。

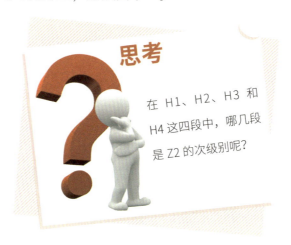

思考

在 H1、H2、H3 和 H4 这四段中，哪几段是 Z2 的次级别呢？

在图十二中，根据股市宇论的结构分解定律，一波下跌会引发其次级别两波上涨，那么 Z2 的下跌会引发其未来次级别的两波上涨 H4 和 H6，用 H4 去计算之后引发的第二波上涨 H6，利用 H4 画三点预测模型的预测线去计算 H6，形成图十三。

思考

H4 和 Z2 是什么关系？H4 和 L7 是什么关系？L7 和 Z2 是什么关系？

图十三

在图十三中，根据股市宇论的结构分解定律，一波下跌会引发其次级别两波上涨，那么 Z2 的下跌会引发其未来次级别的两波上涨 H4 和 H6，用 H4 去计算之后引发的第二波上涨 H6，利用 H4 画三点预测模型的预测线去计算 H6，取 D3：62.32 作为 H6 的最高点，把预测线去掉形成金域医学的未来预测走势图十四。

图十四

在图十四中，我们根据股市宇论的结构分解定律，一波下跌会引发其次级别两波上涨，一波上涨会引发其次级别两波下跌，结合空间预测模型，精准的画出了未来金域医学的周线走势图，如果我们把未来实际的走势加上就形成了图十五。

思考

两波上涨会引发什么? 两波下跌会引发什么?

图十五

我们把金域医学 2017 年 9 月 8 日到 2019 年 10 月 11 日的周线走势图复原在我们提前预测的图十四中形成图十五，惊奇的发现我们通过股市宇论结构的分解定律结合空间预测推演出来的金域医学周线走势图和实际的走势几乎一模一样。

结构的预测量化、结构的移动量化、结构的价值区间、结构的三买三卖、结构的分解定律适用于各个周期，我就不再一一举例了，请读者自己在不同的周期上实践应用。

● 小结

本节的重点内容是结构预测量化、结构移动量化、结构价值区间、结构三买三卖原则和结构的分解定律。其中最重要的就是结构的分解定律，有了分解才能量化结构，有了结构的量化，买卖交易才有标准，所以读者要认真学习分解定律，做到知行合一。

递归理论

第二章

20 世纪最重要最伟大的 3 个物理学革命性发现：①相对论；②量子力学；③混沌理论。爱因斯坦根据相对论给出了质能方程：$E=mc^2$（其中 c 为光速，m 为质量，E 为能量）。量子力学却颠覆了爱因斯坦的质能方程，现在混沌理论改变了我们整个世界。

我在左侧交易第一册第一章开篇就讲了世界万物都是有规律的，世界是物质的，物质是运动的，运动是有规律的。宇宙五大规律：第一宇宙规律是勾股定理；第二宇宙规律是牛顿的万有引力；第三宇宙规律是爱因斯坦的相对论；第四宇宙规律是热力学定律；第五宇宙规律是混沌与分形理论。这五大宇宙规律应用在各个领域让人类极大受益，股市宇论是宇宙五大定律在股市的应用。

第五宇宙规律是混沌与分形理论，是我们递归理论的基石和起源。1972 年，美国麻省理工学院教授、混沌学开创人之一洛伦兹在美国科学发展学会第 139 次会议上发表了题为《蝴蝶效应》的论文。论文中曾发表惊人之论："巴西的亚马逊丛林中一只蝴蝶轻轻地扇动几下翅膀，就会在美国的得克萨斯州掀起一场龙卷风"。这一蝴蝶效应可以用"混沌理论"来解释。混沌是一种"表现上"混乱无序，而实际上具有深层次规律性的特殊运动形态，它的特点是对于系统的初始条件具有极端敏感的依赖性，在系统初始任何一点点细微的改变，都会在系统后期发生翻天覆地的变化。

西方流传一首民谣说："丢失一个钉子，坏了一只蹄铁；坏了一只蹄铁，折了一匹战马；折了一匹战马，伤了一位骑士；伤了一位骑士，输了一场战斗；输了一场战斗，亡了一个帝国。"你看，由于一个小小的钉子丢失竟然带来了整个帝国的灭亡，这个结果丝毫不亚于蝴蝶翅膀扇动造成一场飓风的"蝴蝶效应"。

我们可以做一个实验来解释这个理论。在一个 10cm 左右长的长条形面团上，离其中一端约 3cm 处嵌入颗细钢珠。把面团拉长一倍，再折二叠成原样。重复这样的操作 100 次后，弹珠就会离开原来的位置，到了一个新的位置。多次重复这样的实验，你会发现尽管小钢珠的初始位置几乎完全相同，但折叠 100 次后的结果却大不一样。也就是说，只要最初的位置存在一极微小差异，则最终的位置就完全不一样了。由此可见，微小的改变会发展成未来巨大的变化。这样的一个现象规律，在数学上就是混沌理论。这一理论应用在股市中就形成了递归，在关键位置由极小周期 1 分钟的变化就会引发日线级别或周线级别的改变。

第一节 主次递归定律

　　由"蝴蝶效应"可知，一个事物微小的变化，会引发事物未来的巨大变化。在股市中也一样，一个5分钟股价的改变往往会引发日线股价的改变，这就是下文中要讲解的股市递归理论。

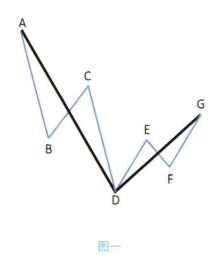

图一

　　图一中：

　　黑色的走势代表主级别走势。

　　蓝色的走势代表次级别走势。

　　在次级别中由 CD 的下跌改变成 DE 的上涨，引发了其主级别由 AD 的下跌改变成 DG 的上涨，因此主级别的方向改变一定是由其次级别的方向改变引发的，但不是所有的次级别的方向改变都会引发其主级别的方向改变，AB 到 BC 的改变就没有引发其主级别的方向改变，因此股市宇论递归定律形成如下。

　　股市宇论递归定律：

（1）主级别的方向改变一定是由其次级别的方向改变引发的。

（2）在主级别平衡的位置，其次级别的改变才能引发主级别的改变。

（3）主级别的平衡位置是空间预测的目标位置附近。

递归的定义是有严格的数学逻辑关系证明的，以下是递归的数学逻辑方程。

若方程（特征方程）$\lambda^2 + p\lambda + q = 0$ 有两个不相等的实数解（特征根）α，β，则由二阶线性齐次式 $F_{(n+2)} + pF_{(n+1)} + qF_n = 0$ 递归定义数列的通项为 $F_n = C_1\alpha_n + C_2\beta_n$，其中待定常数 C_1，C_2 由给定的两个初始项确定。

这里对应的特征方程为 $\lambda_2 - \lambda_1 = 0$，特征根为 $\lambda = \dfrac{1}{2}\left(1 \pm \sqrt{5}\right)$。所以可得

$$F_n = \frac{1}{\sqrt{5}}\left(\left(\frac{1+\sqrt{5}}{2}\right)^n - \left(\frac{1-\sqrt{5}}{2}\right)^n\right),\ n = 1,\ 2,\ 3,\ \cdots$$

$$G_n = \left(\frac{1+\sqrt{5}}{2}\right)^n + \left(\frac{1-\sqrt{5}}{2}\right)^n,\ n = 1,\ 2,\ 3,\ \cdots$$

$$\frac{G_n + F_n\sqrt{5}}{2} = \left(\frac{1+\sqrt{5}}{2}\right)^n$$

$$G_n^2 - 5F_n^2 = 4(-1)^n$$

思考

如果递归的逻辑方程看不懂，你只需要思考递归的原理就可以了。

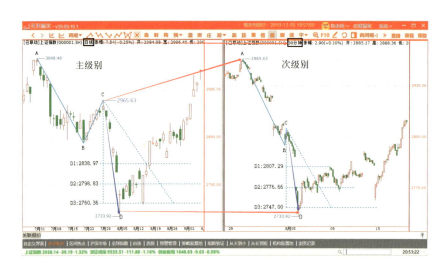

图二

图二左侧是上证指数 2019 年 6 月 26 日到 2019 年 9 月 9 日日线走势图，把它定义为主级别走势，该主级别前期走了两波下跌。

AB 和 CD，在主级别上用空间预测计算出第二波下跌的 D 点刚好跌到 D3 目标位置 2760.36 附近，到达了平衡位置，接下来主级别能不能反弹，主要是看 CD 这波次级别的走势能不能止跌改变方向。

图二右侧是把左侧 CD 段放大的次级别走势，用 30 分钟放大 CD 段，形成了其次级别的两波走势，新的 AB 和 CD，在次级别上用空间预测计算第二波下跌的 D 点刚好跌到 D3 目标位置 2747.00 附近，方向要发生改变，开始上涨。

那么，次级别的下跌方向改变就引发了主级别的方向改变，之后从 2019 年 8 月 6 日 2760.36 点附近开始走出了主级别一个月将近 300 点的上涨行情。

图三

图三左侧是永吉股份 2019 年 8 月 2 日到 2019 年 10 月 18 日日线走势图，把它定义为主级别走势，该主级别前期走了上涨回调。

AB 和 BC，在主级别上用空间预测计算出上涨回调的 C 点，刚好回调到 C3 目标位置 7.04 附近，到达了平衡位置，接下来主级别能不能上涨，主要是看 CD 这波次级别的走势能不能止跌改变方向。

图三右侧是把左侧 BC 段放大的次级别走势，用 30 分钟放大 BC 段，形成了其次级别的两波走势，新的 AB 和 CD，在次级别上用空间预测计算第二波下跌的 D 点刚好跌到 D3 目标位置 7.03 附近，方向要发生改变，开始上涨。

那么次级别的下跌方向改变就引发了主级别的方向改变，之后从 2019 年 9 月 30 日 7.03 附近开始走出了主级别将近 20% 的上涨行情。

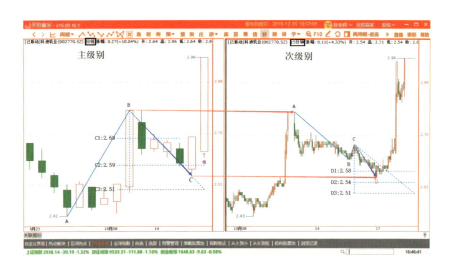

图四

图四左侧是克迪乳业 2019 年 9 月 23 日到 2019 年 10 月 18 日日线走势图，把它定义为主级别走势，该主级别前期走了上涨回调。

AB 和 BC，在主级别上用空间预测计算出上涨回调的 C 点，刚好回调到 C2 目标位置 2.59 附近，到达了平衡位置，接下来主级别能不能上涨，主要是看 CD 这波次级别的走势能不能止跌改变方向。

图四右侧是把左侧 BC 段放大的次级别走势，用 15 分钟放大 BC 段，形成了其次级别的两波走势，新的 AB 和 CD，在次级别上用空间预测计算第二波下跌的 D 点刚好跌到 D1 目标位置 2.58 附近，方向要发生改变，开始上涨。

那么次级别的下跌方向改变就引发了主级别的方向改变，之后从 2019 年 10 月 17 日 2.59 附近开始走出了主级别将近 15.38% 的上涨走势。

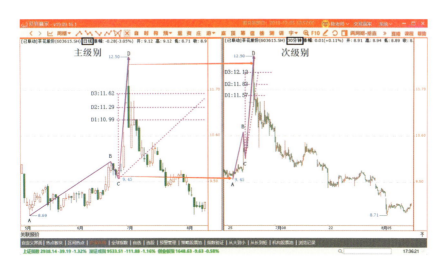

图五左侧是茶花股份 2019 年 4 月 30 日到 2019 年 8 月 12 日日线走势图，把它定义为主级别走势，该主级别前期走了两波上涨。

AB 和 CD，在主级别上用空间预测计算出第二波上涨的 D 点刚好涨到 D3 目标位置 11.62 附近，到达了平衡位置。接下来主级别能不能下跌，主要是看 CD 这波次级别的走势能不能滞涨改变方向。

图五右侧是把左侧 CD 段放大的次级别走势，用 30 分钟放大 CD 段，形成了其次级别的两波走势，新的 AB 和 CD，在次级别上用空间预测计算第二波上涨的 D 点刚好涨到 D3 目标位置 12.12 附近，方向要发生改变，开始下跌。

那么次级别的上涨方向改变就引发了主级别的方向改变，之后从 2019 年 7 月 2 日 11.62 附近开始走出了主级别一个多月将近 33% 点的下跌。

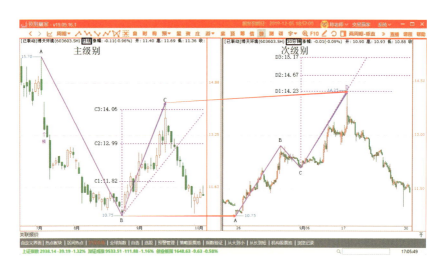

图六

图六左侧是博天环境 2019 年 6 月 24 日到 2019 年 10 月 11
日日线走势图，把它定义为主级别走势，该主级别前期走出了下
跌反弹。

AB 和 BC，在主级别上用空间预测计算出下跌反弹的 C 点
刚好反弹到 C3 目标位置 14.06 附近，到达了平衡位置，接下来
主级别能不能下跌，主要是看 CD 这波次级别的走势能不能滞涨
改变方向。

图六右侧是把左侧 BC 段放大的次级别走势，用 30 分钟放
大 BC 段，形成了其次级别的两波走势，新的 AB 和 CD，在次
级别上用空间预测计算第二波上涨的 D 点刚好涨到 D1 目标位置
14.23 附近，方向要发生改变，开始下跌。

那么次级别的上涨方向改变就引发了主级别的方向改变，之
后从 2019 年 9 月 17 日 14.06 附近开始走出了主级别一个月将近
26.28% 点的下跌。

第二节 主次级别定义

在左侧交易第一册中第四章第四节我们讲到了走势的级别和级别的主次之分，很多的读者可能有点懵了，为什么级别按周期分类完了以后，每个周期还要分主次级别呢？这对我们实际股票操作有什么用呢？周期级别主要是决定大家做短线还是做长线，还是超短或中线，例如我们在 15 分钟或 30 分钟级别做股票分析买卖决策那就是超短线了，日线级别那就是中短线，周线级别那就是中长线了。如果我们要在日线级别上操作，在做买决策的时候，我们为了买卖交易更加精准，股市宇论体系一般都要看它的次级别，也就是更小的周期进行买卖

思考

30 分钟周期的次级别和 60 分钟周期的次级别有什么区别？

决策，当然日线的次级别更小的周期不一定是 60 分钟，也有可能是 30 分钟，接下来我详细地给大家解读主次级别。

一、　主次级别的定义

1. 分析找目标位周期是主级别，决策买卖交易周期是次级别。

2.主级别的次级别不一定是比它本身小的周期，也许是同一周期，也许是小好几个周期。

图一

图一左侧是星期六 2019 年 7 月 26 日到 2019 年 10 月 23 日日线走势图，右侧是星期六的 60 分钟走势图，左侧日线周期，已知从 4.46 到 5.47 的 AB 上涨段，通过空间预测两点回调计算，计算出未来的回调目标位置是 C1:5.20、C2:4.94、C3: 4.72，股价在 2019 年 9 月 26 日 C 点刚好回调到 C2: 4.94 目标位附近，此时股价基本满足买入的条件了，能不能立刻买入，或者还是等到跌到 C3: 4.72 再买入，那就要看右侧次级别的走势，是否也跌到预测的目标位置了，如果跌到了就直接买入，这就是分析找目标位看主级别日线是否到目标位置了，是否满足买入的充分条件。决定在日线的主级别 C1 买还是 C2 买还是 C3 买，就要看其次级别是否也同时到预测目标位置了，到了就可以决策立马买入。在图一右侧 60 分走势图中，AB 和 CD 的下跌两波段是把左侧日

线 BC 回调波段放大了，形成了其次级别的两波走势，左侧日线主级别刚好回调到目标位置 C2：4.94 附近，其次级别 CD 段刚好也下跌到了三点预测空间计算的目标位置 D2：4.89 附近，此时就是最佳的买入时机，因为次级别到了目标位 D2：4.89 附近就要反弹，次级别的反弹就会引发主级别日线的上涨。这就是对分析找目标位周期是主级别，决策买卖交易周期是次级别的解释。

在图一中，主级别是日线周期，它的次级别是 60 分钟周期，此时就有一个误区，这也是大多数人经常出问题的地方，容易学习糊涂的地方，大多数人错误的认识。

思考

主级别和次级别有没有周期关系？为什么？

（1）年线周期是主级别，其次级别是半年周期

（2）半年周期是主级别，其次级别是季线周期

（3）季线周期是主级别，其次级别是月线周期

（4）月线周期是主级别，其次级别是周线周期

（5）周线周期是主级别，其次级别是日线周期

（6）日线周期是主级别，其次级别是 60 分钟周期

（7）60 分钟周期是主级别，其次级别是 30 分钟周期

（8）30 分钟周期是主级别，其次级别是 15 分钟周期

（9）15 分钟周期是主级别，其次级别是 5 分钟周期

（10）5 分钟周期是主级别，其次级别是 1 分钟周期

以上理解是错误的，是大错特错的！

比如日线周期是主级别，次级别不一定是 60 分钟周期，有可能是日线周期，也有可能是 30 分钟周期，也有可能是 15 分钟周期。

图二

图二左侧是天域生态 2019 年 7 月 31 日到 2019 年 10 月 23 日日线走势图，是主级别走势，右侧是它次级别走势，也是日线图，这就是典型的主级别和其次级别是同一个周期，主级别 BC 段的回调刚好回调到 C3：8.22 附近，此时我们要把 BC 段放大，放大的目的就是要找出 BC 段的下跌是由更小的新的两波段 AB 和 CD 下跌组成的，找出新的两波段的目的是计算其次级别是不是也跌到空间预测的计算目标位置 D2：8.14，这样大小周期形成共振，就是最佳的买入机会。但是有时候主级别的 BC 段不用放大就能看出来是由更小的两波段 AB 和 CD 组成的，就可以直

接计算了，此时更小的两波段 AB 和 CD 就是次级别。在图一中，主级别回调的 BC 波段，必须用 60 分钟周期放大了才能看出是由两波新的 AB 和 CD 段组成的下跌，这样才能方便计算次级别的下跌目标位置。

此时有很多读者就会问主级别是日线的情况下，次级别到底是看日线还是看 60 分钟，还是看 30 分钟，还是看 15 分钟？其实这就看投资者本身的能力了，有的人在日线就能找出其次级别的两波下跌就看日线，有的人在 60 分钟才能找出其次级别的两波下跌就看 60 分钟，有的人在 30 分钟才能找出来就看 30 分钟，这就好比我们拿着放大镜在看微生物细菌，有的人眼力好用 1 倍放大镜就能找到看清楚微生物就用 1 倍的放大镜，有的人眼力不好用 10 倍的放大镜才能看清楚那就

思考

要认真琢磨主次级别和放大镜的关系以及次级别的定义。

用 10 倍的放大镜，次级别用多大周期放大主要看投资者的交易能力和眼力了。一般在实际交易过程中，我们找其次级别的两波段的下跌，先在本周期上找，比如主级别是日线，我们就先在日线上找 BC 段的两波下跌，如果找不出来，那就用其小一周期 60 分钟找，如果 60 分钟也找不到，那就用再小一周期 30 分钟，如果 30 分钟也找不到，那就继续用再小一周期 15 分钟，逐级缩小

周期直到找到能找出的其次级别的两波下跌段，如果在 60 分钟就能找到下跌的两波段，就不用再往下找了。看下图三，是在 15 分钟上才能找到的次级别的两波下跌段，所以就只能在 15 分钟上看了。

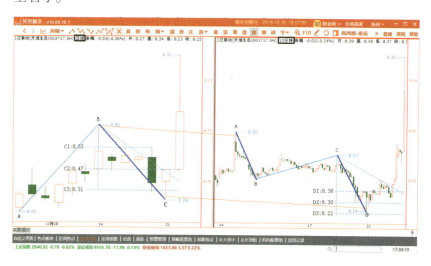

图三

图三左侧是天域生态 2019 年 9 月 27 日到 2019 年 10 月 22 日日线走势图，右侧是天域生态的 15 分钟走势图，左侧日线周期是主级别，已知从 8.15 到 8.80 的 AB 上涨段，通过空间预测两点回调计算，计算出未来的回调目标位置是 C1:8.53、C2:8.47、C3: 8.31，股价在 2019 年 10 月 21 日 C 点刚好回调到 C3: 8.31 目标位附近，此时股价基本满足买入的条件了，能不能立刻买入，或者还是等到跌到 C3: 4.72 再买入，那就要看右侧次级别的走势是否也跌到预测的目标位置了，如果跌到了就直接买入。由于我们在 15 分钟周期上把左侧 BC 下跌段放大，才能看清楚 BC 段是由更小的两波新的 AB 和 CD 的下跌组成的，

此时我们左侧的次级别就是用 15 分钟周期看的。在右侧 15 分钟周期中，用空间两波下跌三点预测计算的下跌目标位置是 D1：8.38、D2：8.30、D3：8.22，股价在 2019 年 10 月 21 日 9:45D 点 8.24 刚好下跌到提前计算出来的 D3：8.22 目标位置附近，此时主次级别预测价格发生共振，次级别 D 点的反弹上涨就会引发主级别 C 点位置的上涨，所以此时是最佳买入点。

图四

图四左侧是圣农发展 2019 年 9 月 19 日到 2019 年 11 月 1 日日线走势图，右侧是圣农发展的 15 分钟走势图，左侧日线周期是主级别，已知从 23.69 到 26 的 AB 上涨段和 BC 回调段，通过空间预测利用三点计算未来第二波上涨的目标位置，计算出未来的上涨目标位置是 D1:30.17、D2:31.01、D3：31.94，股价在 2019 年 10 月 29 日 D 点刚好上涨到 D3：31.01 目标位附近，此时股价基本满足卖出的条件了，能不能立刻卖出，或者还

是继续等上涨到 D3：31.94 再卖出，那就要看右侧次级别的走势是否也上涨到预测的目标位置了，如果上涨到了就直接卖出，由于我们在 15 分钟周期上把左侧 CD 上涨段放大，才能看清楚 CD 段是由更小的两波新的 AB 和 CD 的上涨组成的，此时我们左侧的次级别就是用 15 分钟周期看的，在右侧 15 分钟周期中，用空间两波上涨三点预测计算的上涨目标位置是 D1：29.71、D2：30.20、D3：30.72，股价在 2019 年 10 月 29 日 13:45D 点 31.08 刚好上涨到提前计算出来的 D3：30.72 目标位置附近，此时主次级别预测价格发生共振，次级别 D 点的下跌就会引发主级别 D 点位置的下跌，所以此时是最佳卖出点。

二、四种空间预测模型的买卖案例

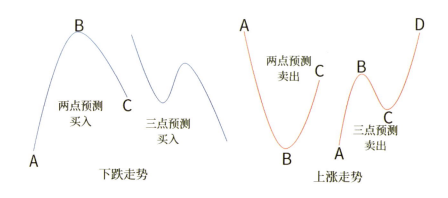

图五

　　图五是空间预测模型的四种买卖计算模型，接下来我们利用主次级别以及递归定律对四种模型的买卖进行一一详细讲解。

1. 上涨回调买入模型（两点买入）

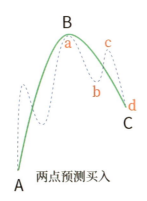

两点预测买入

递归买卖决策：分析找目标位周期是主级别，决策买卖交易周期是次级别。

一般主级别，也就是日线级别，我们已知上涨段 AB，利用空间预测两点买入模型计算出 BC 段的回调目标位置 C1、C2、C3，当股价进入 C1 到 C3 区间范围内，此时我们看 BC 段的次级别，也就是 ab 和 cd 这两波下跌，我们利用空间预测三点买入模型计算出 cd 段的下跌目标位置 d1、d2、d3，如果主级别日线刚好回调到目标位置 C1、C2、C3 其中的一个目标位，此时次级别 cd 也刚好下跌到 d1、d2、d3 其中的一个目标位置，那

思考

次级别的改变在什么样的情况会引发主级别的改变？

么此时次级别 cd 的反弹就会引发主级别 BC 的上涨。

图六

图六左侧是天夏智慧 2019 年 11 月 1 日到 2019 年 11 月 22 日日线走势图，右侧是天夏智慧的 60 分钟走势图，左侧日线周期是主级别，已知从 4.42 到 5.58 的 AB 上涨段，通过空间预测两点回调买入模型计算，计算出未来的回调目标位置是 C1:5.26、C2:4.97、C3: 4.71，股价在 2019 年 11 月 18 日 C 点刚好回调到 C3: 4.71 目标位附近，此时股价基本满足买入的条件了，能不能立刻买入，或者还是等到跌到 C3: 4.71 再买入，那就要看右侧次级别的走势是否也跌到预测的目标位置了，如果跌到了就直接买入，由于我们在 60 分钟周期上把左侧 BC 下跌段放大，才能看清楚 BC 段是由更小的两波新的 AB 和 CD 的下跌组成的，此时我们左侧的次级别就是用 60 分钟周期看的，在右侧 60 分钟周期中，用空间两波下跌三点预测买入模型计算，计算出未来的下跌目标位置是 D1: 4.90、D2: 4.78、D3: 4.67，股价在 2019 年 11 月 18 日 10:30D 点 4.76 刚好下跌到提前计算

出来的D2: 4.78目标位置附近，此时主次级别预测价格发生共振，次级别 D 点的反弹上涨就会引发主级别 C 点位置的上涨，所以此时是最佳买入点，买入以后未来一周上涨幅度在 20% 以上。

2. 两波下跌买入模型（三点买入）

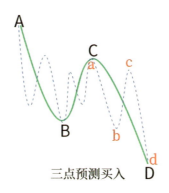

三点预测买入

递归买卖决策：分析找目标位周期是主级别，决策买卖交易周期是次级别。

一般主级别，也就是日线级别，我们已知两波下跌段 AB 和 CD，利用空间预测三点买入模型计算出 CD 段的下跌目标位置 D1、D2、D3，当股价进入 D1 到 D3 区间范围内，此时我们看 CD 段的次级别，也就是 ab 和 cd 这两波下跌，我们利用空间预测三点买入模型计算出 cd 段的下跌目标位置 d1、d2、d3，如果主级别日线刚好下跌到目标位置 D1、D2、D3 其中的一个目标位，此时次级别 cd 也刚好下跌到 d1、d2、d3 其中的一个目标位置，那么此时次级别 cd 的反弹就会引发主级别 CD 的反弹。

图七

　　图七左侧是贵人鸟2019年9月2日到2019年11月22日日线走势图，右侧是贵人鸟的30分钟走势图，左侧日线周期是主级别，已知从4.71到3.70的AB下跌段和从3.7到4.05的BC上涨段，通过空间预测三点下跌买入模型计算，计算出未来的下跌目标位置是D1:3.48、D2:3.28、D3: 3.11，股价在2019年11月18日D点刚好下跌到D2: 3.28目标位附近，此时股价基本满足买入的条件了，能不能立刻买入，或者还是等下跌到D3: 3.11再买入，那就要看右侧次级别的走势，是否也跌到预测的目标位置了，如果跌到了就直接买入，由于我们在30分钟周期上把左侧CD下跌段放大，才能看清楚CD段是由更小的两波新的AB和CD的下跌组成的，此时我们左侧的次级别就是用30分钟周期看的，在右侧30分钟周期中，用空间两波下跌三点预测买入模型计算，计算出未来的下跌目标位置是D1: 3.48、D2: 3.38、D3: 3.29，股价在2019年11月18日10:00D点

3.30 刚好下跌到提前计算出来的 D3：3.29 目标位置附近，此时主次级别预测价格发生共振，次级别 D 点的反弹上涨就会引发主级别 D 点位置的反弹，所以此时是最佳买入点，买入以后未来一周上涨幅度在 30% 以上。

3. 下跌反弹卖出模型（两点卖出）

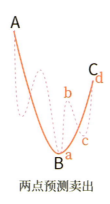

两点预测卖出

递归买卖决策：分析找目标位周期是主级别，决策买卖交易周期是次级别。

　　一般主级别，也就是日线级别，我们已知下跌段 AB，利用空间预测两点卖出模型计算出 BC 段的反弹目标位置 C1、C2、C3，当股价进入 C1 到 C3 区间范围内，此时我们看 BC 段的次级别，也就是 ab 和 cd 这两波上涨，我们利用空间预测三点卖出模型计算出 cd 段的上涨目标位置 d1、d2、d3，如果主级别日线刚好反弹到目标位置 C1、C2、C3 其中的一个目标位，此时次级别 cd 也刚好上涨到 d1、d2、d3 其中的一个目标位置，那么此时次级别 cd 的回调就会引发主级别 BC 的下跌。

图八

　　图八左侧是安源煤矿 2019 年 6 月 14 日到 2019 年 11 月 1 日日线走势图，右侧是安源煤矿的日线走势图，左侧日线周期是主级别，已知从 2.90 到 2.16 的 AB 下跌段，通过空间预测两点反弹卖出模型计算，计算出未来的反弹目标位置是 C1:2.33、C2:2.50、C3: 2.67，股价在 2019 年 9 月 17 日 C 点刚好反弹到 C3: 2.67 目标位附近，此时股价基本满足卖出的条件了，能不能立刻卖出，或者还是等上涨一段再卖出，那就要看右侧次级别的走势是否也涨到预测的目标位置了，如果涨到了就直接卖出，由于我们在日线周期上不用把左侧 BC 上涨段放大，才能看清楚 BC 段是由更小的两波新的 AB 和 CD 的上涨组成的，此时我们左侧的次级别就是用日线周期看的，在右侧日线周期中，用空间两波上涨三点预测买出模型计算，计算出未来的上涨目标位置是 D1: 2.64、D2: 2.70、D3: 2.77，股价在 2019 年 9 月 18 日 D 点 2.70 刚好上涨到提前计算出来的 D2: 2.7 目标位置附近，此

时主次级别预测价格发生共振，次级别 D 点的上涨回调就会引发主级别 C 点位置的下跌，所以此时是最佳卖出点，卖出以后未来股价跌幅在 30% 以上。

4. 两波上涨卖出模型（三点卖出）

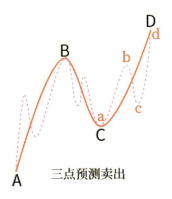

三点预测卖出

递归买卖决策：分析找目标位周期是主级别，决策买卖交易周期是次级别。

一般主级别，也就是日线级别，我们已知两波上涨段 AB 和 CD，利用空间预测三点卖出模型计算出 CD 段的上涨目标位置 D1、D2、D3，当股价进入 D1 到 D3 区间范围内，此时我们看 CD 段的次级别，也就是 ab 和 cd 这两波上涨，我们利用空间预测三点卖出模型计算出 cd 段的上涨目标位置 d1、d2、d3，如果主级别日线刚好上涨到目标位置 D1、D2、D3 其中的一个目标位，此时次级别 cd 也刚好上涨到 d1、d2、d3 其中的一个目标位置，那么此时次级别 cd 的回调就会引发主级别 CD 的回调。

图九

　　图九左侧是跨境通 2019 年 7 月 30 日到 2019 年 9 月 27 日日线走势图，右侧是跨境通的 30 分钟走势图，左侧日线周期是主级别，已知从 6.16 到 7.97 的 AB 上涨段和从 7.97 到 7.11 的 BC 回调段，通过空间预测三点上涨卖出模型计算，计算出未来的上涨目标位置是 D1:9.39、D2:9.78、D3: 10.25，股价在 2019 年 9 月 10 日 D 点刚好上涨到 D1: 9.39 目标位附近，此时股价基本满足卖出的条件了，能不能立刻卖出，或者还是等上涨到 D2: 9.78 再卖出，那就要看右侧次级别的走势是否也上涨到预测的目标位置了，如果上涨到了就直接买入，由于我们在 30 分钟周期上把左侧 CD 上涨段放大，才能看清楚 CD 段是由更小的两波新的 AB 和 CD 的上涨组成的，此时我们左侧的次级别就是用 30 分钟周期看的，在右侧 30 分钟周期中，用空间两波上涨三点预测买入模型计算，计算出未来的上涨目标位置是 D1: 9.00、D2: 9.25、D3: 9.52，股价在 2019 年 9 月 10 日 14:30D

点 9.56 刚好上涨到提前计算出来的 D3: 9.52 目标位置附近，此时主次级别预测价格发生共振，次级别 D 点的回调下跌就会引发主级别 D 点位置的下跌，所以此时是最佳卖出点，卖出以后未来下跌幅度在 33% 以上。

▪▪▪▪▪ 小结

　　本节重点讲解了主次级别的定义和区分，尤其是次级别的划分，在什么样的周期里看次级别，这是难点。很多投资者在用什么周期看次级别上往往搞不清楚，经常搞错。次级别搞错了，交易的买卖价格就会出错，此时交易就很难精准买卖了。读者要深入研究主次级别的划分以及正确把握次级别周期，为精准买卖提供保障。

第三节 逐级递归定律

在第二节中讲到主次级别的递归和买卖原则，在主级别周期上分析找目标位，用次级别进行买卖决策。如果要想追求精准买卖交易，要学会逐级递归进行决策买卖，这样通过逐级递归，就能找到引发下一波上涨或下跌的启动点，同时递归到最小结构，利用结构改变原则进行买卖决策，这样交易的确定性就更加有保障了。

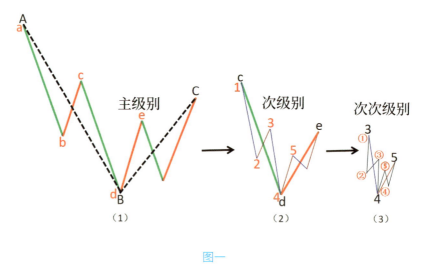

图一

一、 逐级递归定律

在图一（1）中，主级别走势是 ABC，其次级别走势是 abcde，主级别的 B 点要想发生反弹，其次级别 abcd 两波下跌刚好跌到目标位置，d 点发生反弹。

在图一（2）中，次级别走势是 cde，其次次级别走势是 12345，次级别的 d 点要想发生反弹，其次次级别 1234 两波下跌刚好跌到目标位置，4 点发生反弹。

在图一（3）中，次次级别走势是 345，其次次次级别走势是①②③④⑤，次次级别的 4 点要想发生反弹，其次次次级别①②③④两波下跌刚好跌到目标位置，④点发生反弹。

在图一中，如果还可以递归到更小的周期，那么我们继续递归，找更小的周期，直到不能再递归为止，找出最小级别发生反弹的点。

图二

图二左侧上面窗口是安源煤业 2019 年 9 月 11 日到 2019 年 11 月 20 日日线走势图，右侧上面窗口是安源煤业 60 分钟走势图，左侧下面窗口是安源煤业 30 分钟走势图，右侧下面窗口是安源煤业 5 分钟走势图，左侧日线周期是主级别，已知从 2.70 到 B

点的 AB 下跌段和从 B 点到 2.36 的 BC 上涨段，通过空间预测三点下跌买入模型计算，计算出未来的下跌目标位置是 D1:2.15、D2:2.05、D3: 1.97，股价在 2019 年 11 月 18 日 D 点刚好下跌到 D3: 1.97 目标位附近，此时股价基本满足买入的条件了，能不能立刻买入，那就要看右侧次级别上面窗口的走势是否也跌到预测的目标位置了，由于我们在右侧上面窗口用 60 分钟周期把左侧上面窗口的 CD 下跌段放大，才能看清楚 CD 段是由更小的两波新的 AB 和 CD 的下跌组成的，此时我们左侧上面窗口的次级别就是用 60 分钟周期看的，在右侧上面窗口 60 分钟周期中，用空间两波下跌三点预测买入模型计算，计算出未来的下跌目标位置是 D1: 2.02、D2: 1.95、D3: 1.90，股价在 2019 年 11 月 18 日 10:30D 点刚好下跌到提前计算出来的 D2: 1.95 目标位置附近，此时主次级别预测价格发生共振，此时股价基本满足买入的条件了,·能不能立刻买入，能不能精准的买入，那就要看左侧下面窗口其次次级别的走势是否也跌到预测的目标位置了，由于我们在左侧下面窗口用 30 分钟周期把右侧上面窗口的 CD 下跌段放大，才能看清楚 CD 段是由更小的两波新的 AB 和 CD 的下跌组成的，此时我们右侧上面窗口的次级别就是用 30 分钟周期看的，在左侧下面窗口 30 分钟周期中，用空间两波下跌三点预测买入模型计算，计算出未来的下跌目标位置是 D1: 1.95、D2: 1.91、D3: 1.88，股价在 2019 年 11 月 18 日 10:00D 点刚好下跌到提前计算出来的 D1: 1.95 目标位置附近，此时主次级别和其次次级别预测价格发生共振，此时股价基本满足买入的条件了，能不能立刻买入，能不能精准的买入，那就要看右侧下面窗口其次次次级别的走势是否也跌到预测的目标位置了，由于我们在右侧下面窗口用 5 分钟周期把左侧下面窗口的 CD 下跌段放大，才能看清楚 CD 段是由更小的两波新的 AB 和 CD 的下跌组成的，此时我们左侧下面窗口的次级别就是用 5 分钟周期看的，在右侧下面窗口 5 分钟周期中，用空间两波下跌三点预测买入模型计算，计算出未来的下跌目标位置是 D1：1.94、D2：1.93、D3：1.91，股价在 2019 年 11 月 18 日 09:35D 点 1.93 刚好下跌到提前计算出来的 D2：1.93 目标位置，此时主次级别和其次次级别以及次次次级别预测价格发生同时共振，其次次次级别 D 点的反弹上涨就会引发其次次级别 D 点的反弹上涨，其次次级别 D 点的反弹上涨就会引发其次级别 D 点的反弹上涨，其次级别 D 点的反弹上涨就会引发主级别 D 点的反弹上涨，所以此时是最佳买入点，也是最精确的买入点，买到了最低价 1.93，买入以后未来 10 天内上涨的幅度在 68% 以上。

思考

逐级递归的核心是什么？为什么要递归到次次次级别进行买卖决策？

1. 上涨回调买入模型（两点买入）

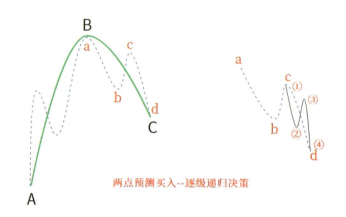

两点预测买入--逐级递归决策

递归买卖决策：分析找目标位周期看主级别，决策买卖交易周期要逐级递归到次级别。

一般主级别，也就是日线级别，我们已知上涨段 AB，利用空间预测两点买入模型计算出 BC 段的回调目标位置 C1、C2、C3，当股价进入 C1 到 C3 区间范围内，此时我们看 BC 段的次级别，也就是 ab 和 cd 这两波下跌，我们利用空间预测三点买入模型计算出 cd 段的下跌目标位置 d1、d2、d3，当股价进入 D1 到 D3 区间范围内，此时我们看 cd 段的次级别，也就是①②和③④这两波下跌，我们利用空间预测三点买入模型计算出③④段的下跌目标位置 d1、d2、d3，如果主级别日线刚好回调到目标位置 C1、C2、C3 其中的一个目标位，此时次级别 cd 也刚好下跌到 d1、d2、d3 其中的一个目标位置，并且其次次级别③④也刚好下跌到 d1、d2、d3 其中的一个目标位置，那么此时其次次级别③④的反弹会引发 cd 的反弹，其次级别 cd 的反弹就会引发主级别 BC 的上涨。

图三

图三左侧窗口是宁德时代 2019 年 10 月 28 日到 2019 年 11 月 22 日日线走势图，中间窗口是宁德时代 30 分钟走势图，右侧窗口是宁德时代 5 分钟走势图。

左侧窗口日线周期是主级别，已知从 68.38 到 78.88 的 AB 上涨段，通过空间预测两点回调买入模型计算，计算出未来的回调目标位置是 C1:76.11、C2:73.44、C3: 71.04，股价在 2019 年 11 月 15 日 C 点刚好回调到 C2: 73.44 目标位附近，此时股价基本满足买入的条件了，能不能立刻买入，或者还是等到跌到 C3: 71.04 再买入，那就要看中间窗口其次级别的走势是否也跌到预测的目标位置了，由于我们在中间窗口用 30 分钟周期把左侧窗口的 BC 下跌段放大，才能看清楚 BC 段是由更小的两波新的 AB 和 CD 的下跌组成的，此时我们左侧窗口的次级别就是用30 分钟周期看的，在中间窗口 30 分钟周期中，用空间两波下跌三点预测买入模型计算，计算出未来的下跌目标位置 是 D1：72.29、D2：71.05、D3：

思考

次次级别、次级别、主级别在什么情况下发生共振？

69.89，股价在 2019 年 11 月 15 日 10:30D 点 71.6 刚好下跌到提前计算出来的 D1：72.29 目标位置附近，此时主次级别预测价格发生共振，此时股价基本满足买入的条件了，能不能立刻买入，能不能精准的买入，那就要看右侧窗口其次次级别的走势是否也跌到预测的目标位置了，由于我们在右侧窗口用 5 分钟周期把中间窗口 CD 下跌段放大，才能看清楚 CD 段是由更小的两波新的 AB 和 CD 的下跌组成的，此时我们中间窗口的次级别就是用右侧窗口 5 分钟周期看的，在右侧窗口 5 分钟周期中，用空间两波下跌三点预测买入模型计算，计算出未来的下跌目标位置是 D1：72.26、D2：71.76、D3：71.26，股价在 2019 年 11 月 15 日 10:25，D 点 ,71.6 刚好下跌到提前计算出来的 D2：41.76 目标位置附近，此时主级别、其次级别和其次次级别发生同时共振，其次次级别 D 点的反弹上涨就会引发其次级别 D 点的反弹上涨，其次级别 D 点的反弹上涨就会引发主级别 C 点的反弹上涨，

所以此时是最佳买入点，也是最精确的买入点，买到了相对低点
71.76，买入以后未来 10 天内上涨的幅度在 24% 以上。

2. 两波下跌买入模型（三点买入）

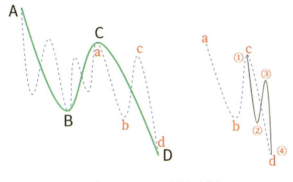

三点预测买入--逐级递归决策

**递归买卖决策：分析找目标位周期看主级别，决策买卖交易
周期要逐级递归到次级别。**

一般主级别，也就是日线级别，我们已知两波下跌 AB 和
CD，利用空间预测三点买入模型计算出 CD 段的下跌目标位置
D1、D2、D3，当股价进入 D1 到 D3 区间范围内，此时我们看
CD 段的次级别，也就是 ab 和 cd 这两波下跌，我们利用空间预
测三点买入模型计算出 cd 段的下跌目标位置 d1、d2、d3，当股
价进入 D1 到 D3 区间范围内，此时我们看 cd 段的次级别，也就
是①②和③④这两波下跌，我们利用空间预测三点买入模型计算
出③④段的下跌目标位置 d1、d2、d3，如果主级别日线刚好下
跌到目标位置 D1、D2、D3 其中的一个目标位，此时次级别 cd
也刚好下跌到 d1、d2、d3 其中的一个目标位置，并且其次次级

第二章　递归理论

别③④也刚好下跌到 d1、d2、d3 其中的一个目标位置，那么，此时其次次级别③④的反弹会引发其次级别 cd 的反弹，其次级别 cd 的反弹就会引发主级别 CD 的反弹。

图四

　　图四左侧窗口是国风塑业 2019 年 9 月 9 日到 2019 年 11 月 26 日日线走势图，中间窗口是国风塑业 30 分钟走势图，右侧窗口是国风塑业 5 分钟走势图。左侧窗口日线周期是主级别，已知从 5.28 到 4.27 的 AB 下跌段和从 4.27 点到 4.61 的 BC 上涨段，通过空间预测三点下跌买入模型计算，计算出未来的下跌目标位置是 D1:4.05、D2:3.84、D3: 3.66，股价在 2019 年 11 月 11 日 D 点刚好下跌到 D1: 4.05 目标位附近，此时股价基本满足买入的条件了，能不能立刻买入，或者还是等到跌到 D2: 3.84 再买入，那就要看中间窗口其次级别的走势是否也跌到预测的目标位置了，由于我们在中间窗口用 30 分钟周期把左侧窗口的 CD 下跌段放大，才能看清楚 CD 段是由更小的两波新的 AB 和 CD

的下跌组成的，此时我们左侧窗口的次级别就是用 30 分钟周期看的，在中间窗口 30 分钟周期中，用空间两波下跌三点预测买入模型计算，计算出未来的下跌目标位置是 D1：3.97、D2：3.85、D3：3.75，股价在 2019 年 11 月 11 日 14:30D 点 3.88 刚好下跌到提前计算出来的 D1：3.97 目标位置附近，此时主次级别预测价格发生共振，此时股价基本满足买入的条件了，能不能立刻买入，能不能精准的买入，那就要看右侧窗口其次次级别的走势是否也跌到预测的目标位置了，由于我们在右侧窗口用 5 分钟周期把中间窗口的 CD 下跌段放大，才能看清楚 CD 段是由更小的两波新的 AB 和 CD 的下跌组成的，此时我们中间窗口的次级别就是用右侧窗口 5 分钟周期看的，在右侧窗口 5 分钟周期中，用空间两波下跌三点预测买入模型计算，计算出未来的下跌目标位置是 D1：3.90、D2：3.85、D3：3.79，股价在 2019 年 11 月 11 日 14:25D 点 3.88 刚好下跌到提前计算出来的 D1：3.9 目标位置附近，此时主级别、次其级别和其次次级别发生同时共振，其次次级别 D 点的反弹上涨就会引发其次级别 D 点的反弹上涨，其次级别 D 点的反弹上涨就会引发主级别 D 点的反弹上涨，所以此时是最佳买入点，也是最精确的买入点，买入价格 3.90 和实际最低价 3.88 只差 2 分钱，买入以后未来一个月内上涨的幅度在 48% 以上。

思考

两波下跌三点预测买入，即使各个级别发生共振，后期也是反弹走势，而不是翻转走势。为什么？

3. 下跌反弹卖出模型（两点卖出）

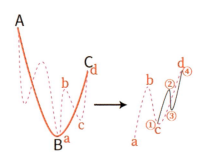

两点预测卖出--逐级递归决策

递归买卖决策：分析找目标位周期看主级别，决策买卖交易周期要逐级递归到次级别。

　　一般主级别，也就是日线级别，我们已知下跌段 AB，利用空间预测两点卖出模型计算出 BC 段的反弹目标位置 C1、C2、C3，当股价进入 C1 到 C3 区间范围内，此时我们看 BC 段的次级别，也就是 ab 和 cd 这两波上涨，我们利用空间预测三点卖出模型计算出 cd 段的上涨目标位置 d1、d2、d3，当股价进入 D1 到 D3 区间范围内，此时我们看 cd 段的次级别，也就是①②和③④这两波上涨，我们利用空间预测三点卖出模型计算出③④段的上涨目标位置 d1、d2、d3，如果主级别日线刚好反弹到目标位置 C1、C2、C3 其中的一个目标位，此时次级别 cd 也刚好上涨到 d1、d2、d3 其中的一个目标位置，并且其次次级别③④也刚好上涨到 d1、d2、d3 其中的一个目标位置，那么此时其次次级别③④的回调会引发其次级别 cd 的回调，其次级别 cd 的回调就会引发主级别 CD 的下跌。

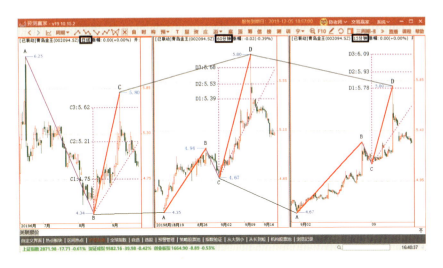

图五

  图五左侧窗口是青岛金王 2019 年 6 月 10 日到 2019 年 9 月
27 日日线走势图，中间窗口是青岛金王 60 分钟走势图，右侧
窗口是青岛金王 15 分钟走势图。左侧窗口日线周期是主级别，
已知从 6.25 到 4.34 的 AB 下跌段，通过空间预测两点反弹卖出
模型计算，计算出未来的反弹目标位置是 C1:4.75、C2:5.21、
C3：5.62，股价在 2019 年 9 月 10 日 C 点刚好反弹到 C3：5.62
目标位附近，此时股价基本满足卖出的条件了，能不能立刻卖出，
那就要看中间窗口其次级别的走势是否也涨到预测的目标位置
了。由于我们在中间窗口用 60 分钟周期把左侧窗口的 BC 上涨
段放大，才能看清楚 CD 段是由更小的两波新的 AB 和 CD 的上
涨组成的，此时我们左侧窗口的次级别就是用 60 分钟周期看的。
在中间窗口 60 分钟周期中，用空间两波上涨三点预测卖出模型
计算，计算出未来的上涨目标位置是 D1：5.39、D2：5.53、
D3：5.68，股价在 2019 年 9 月 10 日 14:00D 点 5.80 刚好上涨

到提前计算出来的 D3：5.68 目标位置附近，此时主次级别预测价格发生共振，此时股价基本满足买入的条件了，能不能立刻买入，能不能精准的买入，那就要看右侧窗口其次次级别的走势是否也跌到预测的目标位置了。由于我们在右侧窗口用 15 分钟周期把中间窗口的 CD 上涨段放大，才能看清楚 CD 段是由更小的两波新的 AB 和 CD 的上涨组成的，此时我们中间窗口的次级别就是用右侧窗口 15 分钟周期看的，在右侧窗口 15 分钟周期中，用空间两波上涨三点预测卖出模型计算，计算出未来的上涨目标位置是 D1：5.78、D2：5.93、D3：6.09，股价在 2019 年 9 月 11 日 13:30D 点 5.8 刚好上涨到提前计算出来的 D1：5.78 目标

思考

出现这种卖出未来结构是什么走势？

位置附近，此时主级别、次其级别和其次次级别发生同时共振，其次次级别 D 点的回调下跌就会引发其次级别 D 点的回调下跌，其次级别 D 点的回调下跌就会引发主级别 D 点的回调下跌，所以此时是最佳卖出点，也是最精确的卖出点，卖出价格 5.78 和实际最高价 5.80 只差 2 分钱，卖出以后未来股价下跌的幅度在 30% 以上。

4. 下跌反弹卖出模型（两点卖出）

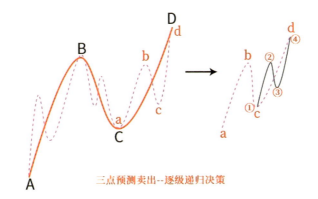

三点预测卖出--逐级递归决策

递归买卖决策：分析找目标位周期看主级别，决策买卖交易周期要逐级递归到次级别。

一般主级别，也就是日线级别，我们已知两波上涨段 AB 和 CD，利用空间预测三点卖出模型计算出 CD 段的上涨目标位置 D1、D2、D3。当股价进入 D1 到 D3 区间范围内，此时我们看 CD 段的次级别，也就是 ab 和 cd 这两波上涨。我们利用空间预测三点卖出模型计算出 cd 段的上涨目标位置 d1、d2、d3。当股价进入 D1 到 D3 区间范围内，此时我们看 cd 段的次级别，也就是①②和③④这两波上涨，我们利用空间预测三点卖出模型计算出③④段的上涨目标位置 d1、d2、d3。如果主级别日线刚好上涨到目标位置 D1、D2、D3 其中的一个目标位，此时次级别 cd 也刚好上涨到 d1、d2、d3 其中的一个目标位置，并且其次次级别③④也刚好上涨到 d1、d2、d3 其中的一个目标位置，那么此时其次次级别③④的回调下跌会引发其次级别 cd 的回调下跌，其次级别 cd 的回调下跌就会引发主级别 CD 的回调下跌。

图六

　　图六左侧窗口是爱婴室 2019 年 7 月 18 日到 2019 年 11 月
13 日日线走势图，中间窗口是爱婴室 60 分钟走势图，右侧窗
口是爱婴室 15 分钟走势图。左侧窗口日线周期是主级别，已知
从 32.86 到 42.50 的 AB 上涨段和从 42.50 到 37.58 的 BC 下跌
段，通过空间两波上涨三点预测卖出模型计算，计算出未来的上
涨目标位置是 D1:50.08、D2:52.14、D3：54.62，股价在 2019
年 10 月 30 日 D 点刚好上涨到 D1：50.08 目标位附近，此时股
价基本满足买入的条件了，能不能立刻买入，或者还是等到上涨
到 D2：52.14 再买入，那就要看中间窗口其次级别的走势是否也
跌到预测的目标位置了。由于我们在中间窗口用 60 分钟周期把
左侧窗口的 CD 上涨段放大，才能看清楚 CD 段是由更小的两波
新的 AB 和 CD 的上涨组成的。此时我们左侧窗口的次级别就是
用 60 分钟周期看的，在中间窗口 60 分钟周期中，用空间两波上
涨三点预测卖出模型计算，计算出未来的上涨目标位置是 D1:

48.75、D2：50.87、D3：51.78，股价在 2019 年 10 月 30 日 14：00D 点 51.12 刚好上涨到提前计算出来的 D2：50.18 目标位置附近，此时主次级别预测价格发生共振，股价基本满足买入的条件了。能不能立刻买入，能不能精准的买入，那就要看右侧窗口其次次级别的走势是否也上涨到预测的目标位置了。由于我们在右侧窗口用 15 分钟周期把中间窗口的 CD 上涨段放大，才能看清楚 CD 段是由更小的两波新的 AB 和 CD 的下跌组成的，此时我们中间窗口的次级别就是用右侧窗口 15 分钟周期看的，在右侧窗口 15 分钟周期中，用空间两波上涨三点预测卖出模型计算，计算出未来的上涨目标位置是 D1：49.77、D2：50.87、D3：52.06，股价在 2019 年 10 月 30 日 13：30D 点 51.12 刚好上涨到提前计算出来的 D1：50.87 目标位置附近，此时主级别、次其级别和其次次级别发生同时共振，其次次级别 D 点的回调下跌就会引发其次级别 D 点的回调下跌，其次级别 D 点的回调下跌就会引发主级别 D 点的回调下跌，所以此时是最佳卖出点，也是最精确的卖出点，卖出价格 50.87 和实际最高价 51.12 只差 2 毛 5 分钱，卖出之后的一个月内股价下跌的幅度在 22% 以上。

三、 逐级递归和结构移动定律相结合的实战应用

在第五章的结构移动定律中，我们通过把股市结构移动走势直接量化，通过空间预测的量化标准，直接把结构什么时候反转量化了，形成了一个结构移动的量化标准。如果我们把第五章的结构移动定律和第六章的逐级递归结合起来，就会使我们的准确

性和成功率大大的提高。要想完美的结合起来使用，我们就再一次熟悉一下结构的移动定律。

结构的移动定律

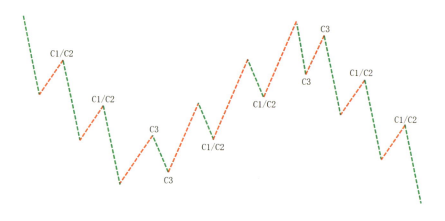

图七

股市宇论结构移动定律：（看图七）

（1）在下跌结构中，股价每一波段的反弹，只要不反弹到 C3 目标位，股价的下跌结构不会发生改变。

（2）在上涨结构中，股价每一波段的回调，只要不回调到 C3 目标位，股价的上涨结构不会发生改变。

（3）在下跌结构中，股价某一波段反弹到了 C3 目标位，再跌回来，跌到 C1、C2 或 C3 任何一个位置附近，当然大多数情况下会跌到 C3 位置附近，但是只要不创新低，股价的结构就会发生反转。

（4）在上涨结构中，股价某一波段回调到了 C3 目标位，再涨回来，涨到 C1、C2 或 C3 任何一个位置附近，当然大多数情况下会涨到 C3 位置附近，但是只要不创新高，股价的结构就会发生反转。

（5）C3 的位置大多数情况下出现在底部或顶部区域。

结构移动定律实战案例

图八是潞安环能 2017 年 9 月 6 日到 2018 年 3 月 23 日走势图，从左到右，反①是股价第一次下跌后发生的第一次反弹，在反弹①的位置，股价刚好反弹到 C1 位置附近，之后股价出现加速下跌并创出新低；反②是股价第二次下跌后发生的第二次反弹，在反弹②的位置，股价刚好反弹到 C2 位置附近，之后股价出现同步下跌并创出新低；反③是股价第三次下跌后发生的第三次反弹，在反弹③的位置，股价刚好反弹到 3 位置附近，之后股价出现弱势下跌同时不再创出新低；回①是股价第四次下跌后发生的

第一次没有创新低的下跌，所以叫第一次上涨的回调，在回调①的位置，股价刚好回调到 C3 位置附近，之后股价再也没有创出 C3 位置的新低；所以此时是下降结构发生改变的位置，是由下降趋势变成上升趋势的转折点，同时也是最佳的买入点；回②是股价第二次上涨后发生的第二次回调，在回调②的位置，股价刚好回调到 C2 位置附近，之后股价出现同步上涨并创出新高；回

③是股价第三次上涨后发生的第三次回调，在回调③的位置，股价刚好回调到 C2 位置附近，之后股价出现同步上涨并创出新高；回④是股价第四次上涨后发生的第四次回调，在回调④的位置，股价刚好回调到 C3 位置附近，之后股价出现弱势上涨同时不再创出新高；反①是股价第四次回调后发生的第一次没有创新高的上涨，所以叫第一次下跌的反弹，在反弹①的位置，股价刚好反弹到 C3 位置附近，之后股价再也没有创出 C3 位置的新高；所以此时是上升结构发生改变的位置，是由上升趋势变成下降趋势的转折点，同时也是最佳的卖出点。

　　如果我们逐级递归到其次次次级别以后，其次次次级别除了跌到目标位以后方向出现改变，同时它的结构也发生了反转，此时主级别方向改变的力量才更强。接下来我们举例讲解。

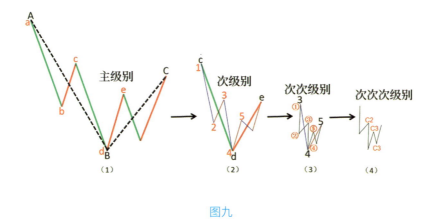

图九

在图九（1）中，主级别走势是 ABC，其次级别走势是 abcde，主级别的 B 点要想发生反弹，其次级别 abcd 两波下跌刚好跌到目标位置，d 点发生反弹。

在图九（2）中，次级别走势是 cde，其次次级别走势是 12345，次级别的 d 点要想发生反弹，其次次级别 1234 两波下跌刚好跌到目标位置，4 点发生反弹。

在图九（3）中，次次级别走势是 345，其次次次级别走势是 ①②③④⑤，次次级别的 4 点要想发生反弹，其次次次级别①②③④两波下跌刚好跌到目标位置，④点发生反弹。

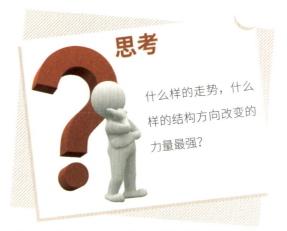

思考

什么样的走势，什么样的结构方向改变的力量最强？

在图九中，有时候④点仅仅发生反弹去引发 4 反生反弹的力度不是很大，进而传递到主级别 B 点发生反弹的力度也就不大了，那么在 B 点买入的收益就不大了。

在图九（4）中，如果其次次次级别走势①②③④⑤的结构发生了转折，也就是在最后一次反弹，反弹到了 C3 的目标位置，之后跌回来没有创新低，回调到 C3 目标位置附近或之上，本级别结构发生了反转，后期变成上涨结构，其次次次级别后期会走出上涨结构，此时引发其次次级别上涨的力度就很强，进而传递到主级别 B 点反生反弹的力度就很强，很容易引发大幅度的反弹。

逐级递归和结构移动定律相结合的实战案例

1. 买入案例（国风塑业）

图十

图十是国风塑业 2019 年 8 月 9 日到 2019 年 11 月 8 日的走势图，图中走了两波下跌，根据预测赢家的左侧交易理念，下跌

找买点，我们要找出后期最正确、最精准的买入点，先用两波下跌三点预测买入模型计算，预测计算结果看下图十一。

图十一

图十一是国风塑业 2019 年 8 月 9 日到 2019 年 11 月 8 日的走势图，通过空间预测两波下跌三点买入模型计算，计算出未来的下跌目标位置是 D1:4.05、D2:3.84、D3：3.66，股价在 2019 年 11 月 8 日当天刚好下跌到 D1：4.05 目标位附近，此时就要看其次级别了，不能等股价跌到 D1：4.05 目标位置再考虑买入，那样就不能精准的买入到最低点了，那在什么时候买入？是在 D1 还是 D2 或者是 D3 买？那就要

思考

在 D1 上方有没有可能形成最佳的买点呢？

看其次级别的走势什么时候下跌到目标位置，在其次级别上画预

测线如下图十二。

图十二

　　图十二是国风塑业 2019 年 9 月 5 日到 2019 年 11 月 11 日 10:30 的走势图，左侧窗口是日线主级别走势，由于我们在右侧间窗口用 30 分钟周期把左侧窗口的 CD 下跌段放大，才能看清楚 CD 段是由更小的两波新的 AB 和 CD 的下跌组成的，此时我们左侧窗口的次级别就是用 30 分钟周期看的，在右侧窗口 30 分钟周期中，用空间两波下跌三点预测买入模型计算，计算出未来的下跌目标位置是 D1：3.97、D2：3.85、D3：3.75，股价在 2019 年 11 月 11 日 10:30D 点 3.97 刚好下跌到提前计算出来的 D1：3.97 目标位置，同时主级别也跌到了 D1：4.05 目标位置，此时主次级别预测价格发生共振，股价基本满足买入的条件了，能不能立刻买入，能不能精准的买入，还是等次级别 30 分钟走势跌在 D2：3.85 或者是 D3:3.75 再买入，那就要看其次次级别的走势了，在其次次级别上画预测线如下图十三。

图十三是国风塑业 2019 年 9 月 5 日到 2019 年 11 月 11 日 14:25 的走势图，左侧窗口是日线主级别走势，中间窗口是其次级别 30 分钟走势，右侧窗口是其次次级别 5 分钟走势，由于我们在右侧窗口用 5 分钟周期把中间窗口的 CD 下跌段放大，才能看清楚 CD 段是由更小的两波新的 AB 和 CD 的下跌组成的，此时我们中间窗口的次级别就是用右侧窗口 5 分钟周期看的，在右侧窗口 5 分钟周期中，用空间两波下跌三点预测买入模型计算，计算出未来的下跌目标位置是 D1：3.90、D2：3.85、D3：3.79，股价在 2019 年 11 月 11 日 14:25D 点 3.88 刚好下跌到提前计算出来的 D1：3.9 目标位置附近，此时主级别、其次级别和其次次级别发生同时共振，其次次级别 D 点的反弹上涨就会引发其次级别 D 点的反弹上涨，其次级别 D 点的反弹上涨就会引发主级别 D 点的反弹上涨，所以此时是最佳买入点，也是最精确的买入点，买入价格 3.90 和实际最低价 3.88 只差 2 分钱，但是买

入以后主级别未来反弹力度大小取决于其次次级别结构走势是否发生了结构反转，因为只有其次次级别上涨的力度很强，才能引发其次级别的强势反弹，进而传递到主级别 D 点反弹的力度才能强，才容易引发大幅度的反弹，所以此时要看其次次级别的 5 分钟走势结构，用两点预测量化结构走势形成图十四。

图十四

图十四是国风塑业的 5 分钟结构走势图，由于在 2019 年 11 月 12 日 9:45，股价反弹到 C3：3.96 位置，之后出现回落下跌，在 2019 年 11 月 12 日 10:20 股价连续三根 5 分钟 K 线收盘价没有跌破回调 C3：3.90 位置，此时其次次级别 5 分钟结构发生改变，M 点是最佳的买入点，买入价格 3.90，买入以后未来一个月内上涨的幅度在 48% 以上，大家要注意这个买入价格 3.9 和之前图十三 3.9 的买入价格虽然一样，但是位置不一样，意义也就不一样了。

2. 卖出案例（欣旺达）

图十五

图十五是欣旺达 2019 年 7 月 3 日到 2019 年 9 月 17 日的走势图，图中走了两波上涨，根据预测赢家的左侧交易理念，上涨找买点，我们要找出后期最正确、最精准的卖出点，我们先用两波上涨三点预测卖出模型计算，预测计算结果看下图十六。

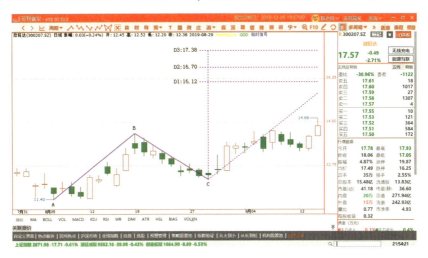

图十六

图十六是欣旺达 2019 年 7 月 3 日到 2019 年 9 月 17 日的走势图，通过空间预测两波上涨三点卖出模型计算，计算出未来的上涨目标位置是 D1:16.12、D2:16.70、D3: 17.38，等待股价继续上涨，直到 2019 年 9 月 19 日股价上涨到 D1: 16.12 目标位置附近。如下图十七。

图十七

图十七其是欣旺达 2019 年 7 月 3 日到 2019 年 9 月 19 日的走势图，股价在 2019 年 9 月 19 日当天刚好上涨到 D1: 16.12 目标位附近，此时就要看其次级别了，不能等股价涨到 D1: 16.12 目标位置再考虑卖出，那样就不能精准的卖出到最高点了，那在什么时候卖出？是在 D1 还是 D2 或者是 D3 卖？那就要看其次级别的走势什么时候上涨到目标位置，在其次级别上画预测线如下图十八。

图十八

图十八是欣旺达 2019 年 7 月 3 日到 2019 年 9 月 19 日的走势图，左侧窗口是日线主级别走势，由于我们在右侧窗口用 60 分钟周期把左侧窗口的 CD 上涨段放大，才能看清楚 CD 段是由更小的两波新的 AB 和 CD 的上涨组成的，此时我们左侧窗口的次级别就是用 60 分钟周期看的，在右侧窗口 60 分钟周期中，用空间两波上涨三点预测卖出模型计算，计算出未来的上涨目标位置是 D1：15.71、D2：16.16、D3：16.66，股价在 2019 年 9 月 19 日 15:00D 点 15.71 刚好上涨到提前计算出来的 D1：15.71 目标位置，同时主级别也涨到了 D1：16.12 目标位置附近，此时主次级别预测价格发生共振，股价基本满足卖出的条件了，能不能立刻卖出，能不能精准的卖出，还是等次级别 60 分钟走势涨在 D2：16.16 或者是 D3:16.66 再卖出，那就要看其次次级别的走势了，在其次次级别上画预测线如下图十九。

161

第二章 递归理论

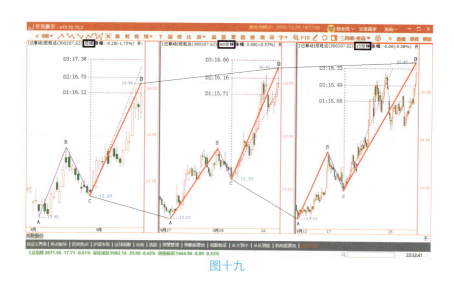

图十九

图十九是欣旺达 2019 年 7 月 3 日到 2019 年 9 月 24 日 14:15 的走势图，左侧窗口是日线主级别走势，中间窗口是其次级别 60 分钟走势，右侧窗口是其次次级别 15 分钟走势，由于我们在右侧窗口用 15 分钟周期把中间窗口的 CD 上涨段放大，才能看清楚 CD 段是由更小的两波新的 AB 和 CD 的上涨组成的，此时我们中间窗口的次级别就是用右侧窗口 15 分钟周期看的，在右侧窗口 15 分钟周期中，用空间两波上涨三点预测卖出模型计算，计算出未来的上涨目标位置是 D1：15.68、D2：15.99、D3：16.33，股价在 2019 年 9 月 24 日 14:15D 点 16.46 刚好上涨到提前计算出来的 D3：16.33 目标位置附近，此时主级别、次其级别和次次级别发生同时共振，其次次级别 D 点的回调下跌就会引发其次级别 D 点的回调下跌，其次级别 D 点的回调下跌就会引发主级别 D 点的回调下跌，所以此时是最佳卖出点，也是最精确的卖出点，卖出价格 16.33 和实际最高价 16.46 只差 1 毛

3 分钱，但是卖出以后主级别未来下跌力度大小取决于其次次级别结构走势是否发生了结构反转，因为只有其次次级别下跌的力度很强，才能引发其次级别的强势回调，进而传递到主级别 D 点回调的力度才能强，才容易引发大幅度的回调，所以此时要看其次次级别的 15 分钟走势结构，用两点预测量化结构走势形成图二十如下。

图二十

图二十是欣旺达的 15 分钟结构走势图，由于在 2019 年 9 月 25 日 10:00，股价回调到 C3：15.44 位置附近，之后出现反弹上涨，在 2019 年 9 月 25 日 14:45，股价连续三次 15 分钟高点没有突破 C3：16.08 位置，此时其次次级别 15 分钟结构发生改变，③点是最佳的卖出点，卖出价格 15.92，卖出以后未来一个多月下跌的幅度在 24% 以上，大家要注意这个卖出价格 15.92 和之前图十九 16.33 的卖出价格虽然少卖出 4 毛 1 分，但是这个位置卖出保证高概率短期股价不再上涨，会出现大幅调整，这个代价

是值得的！

四、 结合逐级递归买入的几种结构实战判断

结合不同的结构走势图和其最后一波走势的次级别结构图，会出现四种情况，两种可以参与，两种不可以参与，如下图二十一。

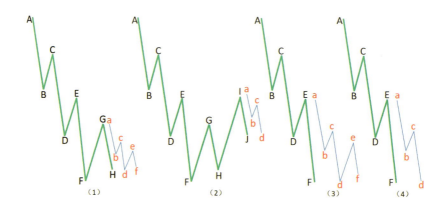

图二十一

在图二十一只有（1）和（2）可以参与，（3）和（4）不可以参与，接下来具体分析一下。

在图二十一（1）中，股价的主级别 FG 段反弹到 C3，GH段回调到 C3 附近，此时判断主级别的结构能不能发生改变，主要看 GH 段能不能在 C3 附近止跌，判断 GH 段能不能在 C3 附近止跌还要看其次级别的结构走势，GH 段的次级别走势 a-b-c-d-e-f 刚好下降结构发生改变，而次级别的结构发生改变就会引

发次级别的本身走上升趋势，此时上涨的力度就会很强，从而引发主级别 GH 的上涨，GH 的上涨就会引发主级别走上涨结构，所以（1）是散户最佳的参与点，也是最佳的买入机会。

在图二十一（2）中，股价的主级别已经走上涨结构了，IJ 段走回调走势，当 IJ 段回调到 C1 到 C3 之间的时候，此时判断 IJ 段能不能开始上涨，主要看其次级别走势 a-b-c-d 中的的 cd 段是否下跌到目标位置 D，如果 cd 段刚好下跌到目标位置 D，此时 cd 就会开始反弹，cd 段的反弹就会引发主级别 IJ 的上涨，而 IJ 段的上涨未来会走加速上涨的走势，所以（2）是散户快速获利的参与点，也是最佳的买入机会。

在图二十一（3）中，股价的主级别 A-B-C-D-E-F 走势走的是下降结构，此时参与博的是反弹，如果 EF 段的次级别 a-b-c-d-e-f 的走势刚刚由下降结构改变成上涨结构，此时次级别 a-b-c-d-e-f 的上涨会引发主级别 EF 段的反弹，而且反弹力度会很大，但是不管反弹多大，毕竟还是反弹，后期还是要回调的，所以此时交易能力强的可以参与，一般小散就不要博这种反弹了。

在图二十一（4）中，股价的主级别 A-B-C-D-E-F 走势走的是下降结构，此时参与博的还是反弹，如果 EF 段的次级别 a-b-c-d 的 cd 段刚好下跌到目标位置 D，此时 cd 就会开始反弹，cd 段的反弹就会引发主级别 EF 的反弹，因为次级别 cd 本身就是反弹走势，所以上涨力度不大，此时引发主级别 EF 段的反弹力度也不会太强，所以主级别就是小反弹走势，这种情况是万万不能参与的，风险极大。

结合逐级递归买入的四种实战案例详解

1. 图二十一（1）案例详解（盛屯矿业）

图二十二

　　图二十二是盛屯矿业 2019 年 10 月 11 日到 2019 年 12 月 6 日的走势图。左侧窗口是日线主级别走势，由于我们在右侧间窗口用 15 分钟周期把左侧窗口的 EF 下跌段放大，才能看清楚 EF 段是由更小的三波新的 ab、cd 和 ef 的下跌组成的，此时我们左侧窗口的次级别就是用 15 分钟周期看的。在右侧窗口 15 分钟周期中，根据结构移动量化定律可知道，反弹段 fg 的 g 点反弹到 C3：4.65 附近，之后回调段 gh 的 h 点回调到 C2：4.62 附近止跌，说明主级别 EF 段的次级别 a-b-c-d-e-f-g-h 的结构由下降结构改变成了上涨结构，此时次级别 a-b-c-d-e-f-g-h 的上涨就会引发主级别 EF 段的上涨，EF 段的上涨就会改变主级别的结构，此时主级别的结构就会由下降结构变成上涨结构，所以次级别的 h 点是最佳买入点。这样精准的买入以后未来的股价很难下跌。

2. 图二十一（2）案例详解（北方稀土）

图二十三

图二十三北方稀土 2019 年 9 月 9 日到 2019 年 12 月 27 日的走势图，左侧窗口是日线主级别走势，由于我们在右侧窗口用 15 分钟周期把左侧窗口的 IJ 下跌段放大，才能看清楚 IJ 段是由更小的两波新的 ab 和 cd 的下跌组成的，此时我们左侧窗口的次级别就是用 15 分钟周期看的，在左侧窗口日线周期中，根据结构移动量化定律可知，FG 段的 G 点先反弹到 C3，后 GH 段的 H 点回调到 C3 附近至止跌，此时主级别的结构由下降结构变成了上涨结构，所以 IJ 段回调以后会走加速上涨，此时要通过 IJ 段的次级别买到加速上涨的起始点，在右侧窗口 15 分钟周期中，用空间两波下跌三点预测买入模型计算，计算出未来的下跌目标位置是 D1：10.27、D2：10.16、D3：10.06，股价在 2019 年 12 月 23 日 14:45d 点 10.25 刚好下跌到提前计算出来的 D1：

10.27目标位置，同时主级别J点也回调到C2：10.26目标位置，此时主次级别预测价格发生共振，股价基本满足买入的条件了，此时买入就买在股价即将加速的起涨点上。当然此时再叠加上量能的背离就会更加的精准和完美，量能会在左侧交易第三本书里面重点讲到。

3. 图二十一（3）案例详解（美格智能）

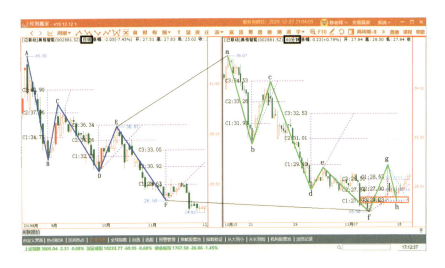

图二十四

图二十四是美格智能2019年8月16日到2019年12月3日的走势图。左侧窗口是日线主级别走势，由于我们在右侧间窗口用60分钟周期把左侧窗口的EF下跌段放大，才能看清楚EF段是由更小的三波新的ab、cd和ef的下跌组成的，此时我们左侧窗口的次级别就是用60分钟周期看的，在左侧窗口日线周期中，根据结构移动量化定律可知，主线级别A-B-C-D-E-F走下降结构，在F点买入股票，此时博的是反弹，所以是有风险的，即使EF

段的次级别 a-b-c-d-e-f-g-h 走上涨结构（因为 EF 段次级别中 fg 段的 g 点反弹到了 C3 位置，之后 gh 段的 h 点回调到了 C3 位置附近止跌），次级别 a-b-c-d-e-f-g-h 的上涨也只能视为引发主级别 EF 的反弹，后期股价还是继续创出了新低，所以此时也不是最佳的买入位置，交易水平差的小散最好不要参与，本人一般也不会参与这样的位置，当然低吸打板选手可以参与，但是难度极高，我会在左侧交易第四本书中讲到，大家后期可以在第四本书中看到。

4. 图二十一（4）案例详解（横店东磁）

图二十五

图二十五是横店东磁 2019 年 7 月 19 日到 2019 年 10 月 11 日的走势图，左侧窗口是日线主级别走势，由于我们在右侧窗口用 60 分钟周期把左侧窗口的 EF 下跌段放大，才能看清楚 EF 段是由更小的两波新的 ab 和 cd 的下跌组成的，此时我们左侧窗口

的次级别就是用 60 分钟周期看的，在左侧窗口日线周期中，根据结构移动量化定律可知道，主线级别 A-B-C-D-E-F 走下降结构，在 F 点买入股票，此时博的是反弹，所以是有风险的，尤其是 EF 段的次级别 a-b-c-d 走下降结构，用空间两波下跌三点预测买入模型计算，计算出未来的下跌目标位置是 D1：5.92、D2：5.72、D3：5.54，股价在 2019 年 9 月 18 日 11:30d 点 5.76 刚好下跌到提前计算出来的 D2：5.72 目标位置，即使此时次级别 cd 段的反弹会引发主级别 EF 段的反弹，但也仅仅是弱势反弹，后期主级别大概率会走加速下跌的，此时风险极大，小散万万不能参与，当然主力低吸打板选手可以参与，但是难度极高，我会在左侧交易第四本书中讲到，后期大家可以在第四本书中看到。

● 小结

　　本节重点讲解逐级递归定律，目的是能够更加精准的买卖交易。同时分析了各种结构走势的不同形态，为后期背离理论的学习打下扎实的基础。尤其是精准的买卖交易，其核心是背离，这也是左侧交易第三册中会重点讲解的。当然，如果没有递归作为基础，背离理论就是无源之水，无本之木，所以读者要熟练掌握本章节的各种递归形态和结构走势。

后记

炒股其实就是修行，在赚钱与亏钱中不断地挣扎，不断地挑战人性的弱点，就像僧人一样，不断地遇到痛苦磨难，不断地悟道得道，才能修成得道高僧。在股市中要想炒好股，必须从道法术三个维度去修炼自己。

何为道？也就是我一直强调的投资理念，即心法。这里我从市场的各种节奏谈起，因为在市场中只要我们能踏准了市场的各种节奏，在道的层次能做地很好，其他的技术策略、买卖点把握就显得不那么重要了。市场的各种节奏包括风险控制节奏、仓位控制节奏、大局观节奏、风口热点节奏、贪婪恐惧节奏、买卖点节奏，市场中的不同节奏都会影响我们的交易收益情况。

首先，风险控制节奏要放在第一位置。为什么要放在第一位置呢？道理很简单，当市场在上涨的时候，有 80%—90% 的股票都在上涨，也就是说市场有 80%—90% 的赚钱效应，此时我们选择参与股票交易，即使我们不怎么会交易，一波结构性上涨很容易赚取 20%—30% 的收益，如果交易能力强一些就能赚到 50%—80% 的收益。如下图一。

图一

　　在图一中，是上证指数2018年5月到2020年11月的走势图，图中每一波市场上涨，很容易赚到20%—30%的收益，如果上涨级别大一些，会赚到50%—80%的收益，其实这些对一个普通的投资者来说很容易做到，最难的就是赚取了利润能不能锁住，也就是在市场不好的时候，我们能不能及时出来，不去参与市场交易，保住之前在上涨市场中获取的利润。因为在市场不好的时候，只有10%—20%的股票都在上涨，也就是说市场有10%—20%的赚钱效应，此时我们选择参与股票交易，即使我们技术交易能力很强，也会出现大面积亏钱，甚至把自己在上涨市场中赚的钱亏掉，还会多亏很多本金，所以市场的牛散也好，游资也好，机构也好，和散户最大的区别就是在市场不好的时候能及时出来锁住利润，甚至他们在上涨市场中收益还不如散户，但是他们能在下跌市场中控制好仓位，甚至不参与市场交易，锁住之前上涨市场中交易获得的所有利润。这就是为什么说风险控制节奏永远要放在第一位置，也就是要跟随市场节奏，控制好风险节奏。这是道的维度层次最重要的核心要素，也是要放在首位的炒好股的必须条件。

其次，把握好仓位控制节奏是决定大家能不能锁住利润的第二要素。仓位控制节奏其实很简单，就是在市场不好的时候控制好仓位，锁住之前赚取的利润，如何去控制仓位呢？如下图二。

图二

在图二中，上涨结构中持有 7 成到 8 成仓位，下降结构中持有 1 成仓位或空仓。例如在上涨结构中持有 8 成仓位，直到上涨结构结束获利 80%，相当于总资金获利 64%，在接下来的下降结构中持有 1 成仓位，如果亏损 20%，那么相当于亏了 3.28%，整体获利 60% 以上，如果亏损 80%，那么相当于亏了 5.12%，整体获利 58.88%。因此决定大家能不能赚钱的不是市场好的时候能赚多少钱，而是在市场不好的时候通过仓位控制锁住多少利润才是最关键的。这就是我经常讲的一句话，上涨不追求高收益，只有下跌能锁住利润才是股市赢家。

再次，风口热点节奏是决定大家能不能多赚钱的要素。随着新股不断的大量上市，但市场的资金是有限的，不可能让所有的股票上涨，那么市场资金就会有选择的进入一些当前容易被大多数人认可，容易上涨的行业概念里，这样很容易形成市场的合力，让自己所买的股票价格涨起来，这就是常说的事件驱动概念，而这些概念我们只要参与，大概率很容易获得可观的利润，如果我们参与那些没有故事可讲，也不可能有什么超预期的股票，那么大概率是没有资金愿意去购买的，这样股价就不会上涨，即使是市场指数上涨，这个行业概念也不会上涨，此时我们买进去，大概率就会亏损。如十四五规划的相关行业基本被市场非常认可，涨势都非常好。大科技中的第三代半导体就是因为被写入十四五规划中而整个概念大涨，像豫金刚石、捷捷微电、易事特涨幅至少都在一倍以上；新能源汽车也是因为被写入十四五规划中而整个概念大涨，像天赐材料、比亚迪、长城汽车涨幅大都在二倍或三倍以上；光伏太阳能也是因为被写入十四五规划中而整个概念大涨，像青岛中程、上机数控、通威股份涨幅大都在 50% 到一倍以上。因此我们要学会跟随风口热点的节奏。

然后，贪婪恐惧节奏是决定大家在交易过程中执行力问题的要素。很多投资者经常安慰自己，"我之所以交易不好，是因为我比较贪婪和恐惧，这是人性的弱点，谁也避免不了"，但是我可以很负责任的告诉大家，很多人都可以避免。我们之所以明明已经看出来市场开始下跌，但是还是不愿意卖出股票，原因不是我们太贪、太恐惧，而是亏钱了不舍得割肉离场。我记得我进入这个行业的时候，我们的老师告诉我们在股市流传着这样的格言，"会买的是徒弟，会卖的的是师傅，会止损的是祖师爷"，我听了觉得很有道理。

于是我就不断地割肉卖出，亏了就止损，再亏了就再止损，结果很快亏损就达到80%以上，后来经过实践才知道，我是被误导了，一个误导让我差点付出倾家荡产的代价。通过实战陈老师总结出了经过市场验证过完全有效的交易理念，可以用来克服人性的弱点，很好地把握贪婪恐惧的节奏。我相信大家一定迫不及待地想知道是什么了，见下图三。

贪婪恐惧节奏

- 1.买错了怎么卖都是错的——会买的是祖师爷
- 2.买点时机很重要——买点是等出来的
- 3.宁可错过也不要买错——没有8成到9成把握不要出手
- 4.热点在切换频繁的时候要懂得以静制动——做组合配置
- 5.坚持赚自己能力范围之内的钱
- 6.在股市中能不能赚钱，不是行情好谁赚的多，而是行情不好能否锁住利润。
- 这就是韭菜和牛散的区别

图三

经过多年的股市实践，我发现买错了怎么卖都是错的，所以买对的才是祖师爷，而且买点时机很重要，不是在什么时候都能买，一定是在市场资金、情绪、技术、热点都出现的时候才能买入，因此买点是等出来的。就像猎人狩猎一样要牢牢地趴在那里，一动不动地等待一天，没有一天的耐心等待就没有丰厚的猎物收获。在股市中我们大多数人亏钱的原因是我们买错被套，没有一个买对上涨亏钱的，所以买对很重要。没有 8 成到 9 成的把握就不要出手去买入，宁可错过也不要买错，因为错过了没买是不会亏钱的，但是买错了一定是会亏钱的。

我们很多投资者亏钱的另一个原因就是，买了一只股票没涨，发现另一只股票涨得很好，结果我们去追另一只，另一只买入以后开始调整，而刚刚卖掉的那只股票反而大涨了，原因就是热点变化非常快，我们很难跟上市场热点的节奏，在这种情况下我们可以进行热点组合。也就是如果目前市场有多个热点在轮流变化，比如消费电子、芯片半导体、新能源车、疫苗这四个热线板块在不断地轮动上涨，今天消费电子和芯片半导体涨，明天很有可能就是新能源车和疫苗上涨，后天有可能就是消费电子和疫苗涨了，我们很难知道哪天是哪个热点在上涨，因为热点变化太快不持续，在这种市场中，我们唯一能做的就是每个热点各买一只股票形成组合。无论哪个热点上涨，我们都有钱赚，看下图四。

2020年1月份收益情况					
	100万	100万	100万	100万	400万
日期	华友钴业	南京证券	中微公司	聚飞光电	收益
1月2日	1.88%	1.94%	12.39%	5.70%	5.48%
1月3日	9.97%	-3.50%	0.11%	-0.17%	1.60%
1月6日	5.98%	-1.42%	-0.87%	8.45%	3.04%
1月7日	-1.82%	5.35%	3.82%	-2.34%	1.25%
1月8日	0.85%	-4.85%	10.25%	0.16%	1.60%
1月9日	0.67%	1.20%	0.09%	-0.16%	0.45%
1月10日	-0.34%	-3.31%	-2.18%	-6.86%	-3.17%
1月13日	0.43%	0.33%	16.02%	4.45%	5.31%
1月14日	4.80%	-1.79%	0.75%	4.75%	2.13%
1月15日	-5.81%	2.07%	8.88%	-0.31%	1.21%
1月16日	-0.02%	-0.65%	16.33%	2.04%	4.43%
1月17日	-2.43%	-1.22%	14.62%	-5.23%	1.44%
到目前总收益	14.07%	-6.12%	112.11%	9.79%	32.46%

图四

在图四中，我列举的是一个热点的股票组合，四个热点我一个买一只，当然买的一定是每个热点龙头，例如在 2020 年 1 月，当时的热点是锂电池概念、券商、芯片、消费电子，我每个热点板块买一只，当然买的都是各个细分领域的龙头，这样的好处是抗风险能力很强。

1 月 2 日在市场很好的情况下，四个热点板块都上涨，那么组合的每只股票都上涨，这样我们整体都是大赚的，该组合当天整体增加了 5.48% 的收益。

1 月 3 日市场开始震荡，只有两个热点板块上涨，锂电池和大科技芯片，而消费电子和券商调整，此时锂电池的龙头华友钴业涨停和芯片的中微公司涨幅 0.11%，券商的南证证券跌3.50%，消费电子柔性屏的聚飞光电微跌 0.17%，当天整体增加收益 1.6%。

1 月 6 日热点又切换到锂电池和消费点上，因此华友钴业和聚飞光电大涨，虽然券商和芯片板块调整，但是由于南京证券和中微公司是龙头，也只是微调一点，当天整天收益增加3.04%。

图四列举的该组合在12个交易日中，只有1月10日由于市场暴跌，所有板块概念都下跌，盈利回测了3.17%，其他时间盈利都是增加的。这就是热点组合龙头的抗风险性，尤其是在市场热点频繁变化的过程中，利用组合以静制动最为完美。当然详细的案例和细节分析我会在后面的左侧交易系列书籍里面写到。

最后，坚持赚自己能力范围内能赚的钱，有的股票我们看不懂就不要买，或者今天市场不好，也不要参与，我们老股民经常有这样的感觉，在市场不好的时候，或者自己感觉不好，对这只股票把握不好的时候，我们非要参与，在这种情况下，只要我们买入股票大概率是亏钱的。我们一定赚符合我们自己策略的钱，我们自己能看懂的钱，不要无脑参与无脑买卖。因此在股市能不能赚到钱，不是比谁在市场好的时候赚得多，是比谁能在市场不好控制好仓位的时候亏得少，在自己看不懂的时候不出手，锁住自己前期赚的每一分利润，所以我本人对回测看得比较重要，回测超过5%就算是最大的回测了，就要清仓休息找原因了。这就是牛散和韭菜的区别。

这是道的部分全部内容，当然这是冰山一角，具体详细的介绍我会在接下来的左侧交易书籍中详细讲解，广大读者敬请关注之后的左侧交易书籍的出版。

道是心法，修炼明白了，此时就进入下一阶段——对法的修炼了，何为法呢？法主要讲的是交易逻辑，有短线交易逻辑、长线交易逻辑、事件驱动交易逻辑、价值组合交易逻辑以及妖股交易逻辑，这些都是从选股到交易策略的角度讲解分析的。法的层次更重要的是强调具体策略的分析和实施，就像我们行军打仗一样，道注重的是战略，法注重的是战术，具体法的层次的详细介绍至少一本书的内容才能介绍完，后面会在左侧交易书籍中详细讲解。

最后就是术的层面了，术的层面就是偏向于具体买卖点交易了，有了道和法的基础，此时术就是执行交易了，怎么样买到相对的低点，卖在相对的高点，这就是术要去解决的问题了，左侧交易书籍 1 和 2 以及 3 就是重点解决术的问题，所以我这里就不重点详细的讲解了，可以用几个字简单的概括一下：结构—看方向，递归—找点位，背离—定买卖，训练—练执行。这是交易术层次的精髓，望广大投资者带着这几句话重读左侧交易 1、2、3，这样你会有不一样的收获的。

最后的最后，还是要感谢在这个世界中，对我一路陪伴、一路不离不弃的亲人、朋友、合作伙伴和同事，你们是我一切努力的动力。